POLYGLOTT

STEFAN GÖDDE

NICE TO MEET YOU, JERUSALEM

Auf Entdeckungstour ins Herz der Stadt

W0013175

4   Eine Stadt wie keine andere

6   MEIN JERUSALEM

8   KAPITEL 1
ÖSTERREICHISCHES HOSPIZ
Muezzin und Sachertorte
TIPPS: Übernachten in
Jerusalem

24 KAPITEL 2
NACHTS IN DER GRABESKIRCHE
**Der geheime Gesang der
Mönche**
TIPPS: Überirdisches – religiöse
Feiern und Prozessionen

38 KAPITEL 3
RESTAURANT EUCALYPTUS
**Biblisches Essen und die
Köche des Friedens**
TIPPS: Für das leibliche Wohl

50 KAPITEL 4
AM SARG VON ALICE VON
BATTENBERG
**Die Schwiegermutter der
Queen**
TIPPS: Ausblicke/Panoramen

58 KAPITEL 5
HISKIJA-TUNNEL
Ein Gang durch die Geschichte
TIPPS: Unterirdisches –
Ausflüge in den Untergrund

72 KAPITEL 6
SHABBAT-DINNER
**Im Haus eines orthodoxen
Rabbis**
TIPPS: Überirdisches aus
jüdischer Perspektive

88 KAPITEL 7
RAZZOUK TATTOO
Das älteste Tattoo der Welt
TIPPS: Noch mehr echte Hand-
arbeit aus dem Heiligen Land

102 KAPITEL 8
DORMITIO-ABTEI
**Ich trage Deinen Namen in die
Heilige Nacht**
TIPPS: Dreimal Weihnachten
feiern

114 KAPITEL 9
GEBURTSKIRCHE BETHLEHEM
**Grausiges in der verborgenen
Kapelle**
TIPPS: Ausflüge ins Land

126 KAPITEL 10
MAHANE-YEHUDA-MARKT
**Street-Art, DJs und junges
Gemüse**
TIPPS: Cafés und Bars

138 KAPITEL 11
ELIA PHOTO-SERVICE
Durch die Augen meines Vaters
TIPPS: Lohnende Souvenirs

148 WISSENSWERTES
150 Das lohnt sich außerdem
152 Infos von A–Z
156 Register
158 Mini-Dolmetscher Hebräisch
159 Danksagung & Impressum
160 Spendenaktion

Auf dem Weg zu ihren heiligen Stätten in
der Altstadt passieren die Menschen seit
Jahrhunderten die mächtige Stadtmauer

PREIS-SYMBOLE

	Hotel (DZ)	Restaurant (Haupt-gericht + Getränk)
€	bis 90 €	bis 20 €
€€	90–200 €	20–40 €
€€€	über 200 €	über 40 €

EINE STADT WIE KEINE ANDERE

Kennen Sie dieses Gefühl? Dass tief in Ihnen etwas ins Schwingen gerät, wenn Sie den Boden eines bestimmten Landes betreten? Es ist wie Heimkommen, obwohl man in der Fremde ist. Immer wenn ich in Israel lande und das bunte Wirrwarr der Sprachen höre, wenn ich faszinierenden Menschen begegne, die den unterschiedlichsten Ethnien und Religionen angehören, und von ihnen mit großer Herzlichkeit empfangen werde, dann geht es mir so. Besonders deutlich spüre ich dieses Gefühl in Jerusalem – meinem Sehnsuchtsort, der das pulsierende Herz von drei Weltreligionen ist und ein Mikrokosmos, in dem sich Traditionen und Kulturen auf engstem Raum verdichten.

In den letzten 20 Jahren bin ich regelmäßig in die Heilige Stadt gereist, manchmal mehrmals im Jahr. »Warum bist du eigentlich so häufig in Jerusalem?«, werde ich oft gefragt. »Bist du Jude?« Nein, ich bin gläubiger Katholik. Aber als Jugendlicher habe ich in den USA in einem jüdischen Ferienlager als Kinderbetreuer gearbeitet. Dort habe ich viele Menschen aus Israel kennengelernt, Freunde gefunden und meine Begeisterung für das Land – insbesondere für Jerusalem – entdeckt.

Obwohl Sie in diesem Buch auch die berühmten Sehenswürdigkeiten Jerusalems finden, ist dies kein klassischer Reiseführer mit Anspruch auf Vollständig-

I love Jerusalem – diese Botschaft heißt Besucher vor der Stadtmauer willkommen

keit – sondern etwas sehr Persönliches. Ich stelle Ihnen meine Lieblingsorte vor und zeige Ihnen, wo das einzigartige Lebensgefühl dieser Stadt besonders intensiv in der Luft liegt. Oftmals zeigen diese Orte unerwartete Seiten von Jerusalem oder machen die Kontraste spürbar, die die Stadt prägen.

Sie können Sachertorte essen, während der Muezzin vom Minarett ruft – oder sich das älteste Tattoo der Welt stechen lassen. Wie wäre es mit einer Wanderung durch einen 2700 Jahre alten, stockfinsteren Tunnel? Oder haben Sie eher Lust auf einen Gemüsemarkt, der sich abends in eine hippe DJ-Zone verwandelt?

Vor allem lernt man Jerusalem aber über die Menschen kennen, die dort leben. Viele von ihnen haben spannende Geschichten zu erzählen und bringen ihre ganz eigenen Perspektiven auf die Stadt mit. Mit wem es sich besonders lohnt, ins Gespräch zu kommen, verrate ich Ihnen ebenfalls in diesem Buch.

Frische Falafel im Muslimischen Viertel, angepriesen in neun verschiedenen Sprachen

Machen Sie sich mit mir auf die Reise, und Sie werden sehen, dass Jerusalem unglaublich viel zu bieten hat – Traditionelles, Religiöses, Skurriles, eine sensationelle Küche, versteckte Schätze und eine unerwartet coole Subkultur.

Bevor es losgeht mitten hinein ins Herz der Stadt, möchte ich Sie aber noch auf eine Aktion hinweisen, die mir sehr wichtig ist: In Kapitel 8 wird Ihnen Bruder Natanael begegnen, ein Mönch der Jerusalemer Dormitio-Abtei. Gemeinsam mit seinen Mitbrüdern sammelt er Spenden für karitative Projekte in Jerusalem und Bethlehem, die sowohl Christen als auch Angehörigen anderer Religionen zugutekommen. Und in ebenjenen Spendentopf fließen auch die Verkaufserlöse dieses Buches.

Aber nun genug der Vorrede. Lassen Sie uns unsere gemeinsame, unvergessliche Reise nach Jerusalem beginnen.

Ihr

Viele gläubige jüdische Männer und Jungen tragen seit dem dritten Lebensjahr die traditionellen Schläfenlocken, hebräisch »Peot«.

MEIN JERUSALEM

Willkommen im Österreichischen Hospiz.
Diese Stufen schritt bereits Kaiser Franz
Joseph I. hinauf

ÖSTERREICHISCHES HOSPIZ

Unser erster Ausflug
führt zu einem Ort voller
überraschender Kontraste:
typisch Jerusalem!

MUEZZIN UND SACHERTORTE

Sind Sie bereit für eine wilde Mischung aus Orient und Okzident? Aus Muezzin und Wiener Schmäh? Falafel und Apfelstrudel? Dann kann's losgehen. In diesem Kapitel nehme ich Sie nämlich mit auf einen ganz besonderen Ausflug.

Ich werde Sie zu einem meiner absoluten Lieblingsorte in Jerusalem führen. Und ich verspreche Ihnen: Ihr Herz wird höher schlagen bei dem, was Sie heute sehen und erleben werden. Hier ist der Deal: Falls es Ihnen – entgegen aller Erwartung – nicht gefallen sollte, gebe ich Ihnen die fünf Schekel zurück, die Sie für diese Entdeckung zahlen müssen. Mein Tipp: Machen Sie diesen Ausflug eher zu Beginn Ihres Aufenthalts in Jerusalem. So können Sie sich einen Überblick verschaffen über das, was Ihnen die Heilige Stadt zu bieten hat. Womit Jerusalem Sie locken, begeistern – und wohl auch stellenweise überfordern wird.

AM DAMASKUSTOR

Wir treffen uns direkt vor dem beeindruckenden Damaskustor (Damascus Gate). Es wurde 1535–1538 unter Sultan Süleyman dem Prächtigen gebaut. Das größte Tor in der Altstadtmauer ist gleichzeitig der Haupteingang zum Muslimischen Viertel. Und wenn es in Jerusalem kracht – zwischen israelischen Sicherheitskräften und Palästinensern –, dann ziemlich sicher auch hier. Deshalb stehen auf dem Vorplatz zwei Wachhäuschen mit bewaffneten Soldatinnen und

Eines der acht großen Tore der Altstadtmauer: das prächtige Damaskustor

Soldaten. Aber heute ist alles ruhig, und wir treffen uns am besten am späten Nachmittag, wenn die Sonne schon tiefer steht und nicht mehr ganz so gnadenlos auf die Erde feuert.

Wir betreten die Altstadt. Durch den Torbogen hindurch, dann direkt nach links – und sofort wieder scharf nach rechts. Diese versetzte Form des Eingangs sollte es Angreifern schwerer machen, einfach so schnurstracks in die Stadt einzufallen mit Gebrüll.

Heute will man am Tor niemanden mehr abhalten, im Gegenteil. Man heißt die Menschen willkommen, damit sie auf dem Markt ihr Geld lassen. Und gebrüllt wird nicht mehr vor, sondern hinter dem Tor.

LEBHAFTES MARKTTREIBEN

Áschara! Áschara! Arabisch für Zehn. Áschara! So schreien die Händler. Zehn Schekel für Zigaretten, Plastik-

In den Gassen hinter dem Damaskustor wird lautstark gefeilscht und gehandelt

spielzeug oder Schokolade. Am Boden kauern alte muslimische Frauen, die saftig-grüne Weinblätter, Salat und selbst gepflückte Kräuter verkaufen.

Einen bunteren Warenmix als auf diesem Markt kann man sich kaum vorstellen: Berge von plastikverpackten Süßigkeiten und Polyesterpullis, knallrote Reisekoffer, gerupfte Hühnchen, Bananen, Orangen und natürlich die typisch lang gezogenen Jerusalem-Bagels. Áschara! Dieser Markt ist eine große Bühne.

Eigentlich könnten wir den ganzen Tag hier stehen bleiben und mit all unseren Sinnen die verschiedenen Eindrücke aufnehmen: Den Duft der frisch gebackenen Pitabrote einatmen. Zuhören, wie die Händler schreiend um Kundschaft buhlen, und uns darüber wundern, dass das »Áschara« manchmal sogar aus scheppernden Lautsprechern kommt, als Aufzeichnung in Dauerschleife. Manchen Händlern ist das stundenlange Schreien wohl doch zu anstrengend.

KALEIDOSKOP DER RELIGIONEN, NATIONEN, TRADITIONEN

Oder wir schauen einfach nur zu, wie arabische Jungs mit ihren klapprigen Lebensmittelkarren die Steinrampen herunterrumpeln. Wie sich schwedische Touristinnen fotografierend an ihnen vorbeidrängeln, immer darauf bedacht, nicht auf die alten Frauen am Boden zu treten oder auf deren knackig-grünen Salat. Daneben: schwer bewaffnete junge Soldatinnen und Soldaten. Und nicht zu vergessen die ultraorthodoxen Juden in ihren schwarzen Anzügen, mit langen Schläfenlocken und beeindruckenden, schwarz schimmernden Zobelpelz-Hüten. Sie kommen aus ihrem orthodoxen Wohnviertel Mea Shearim und wollen zur Klagemauer, um zu beten. Und eigentlich empfinden sie es als absolute Zumutung, durch diesen arabischen Markt gehen zu müssen. Aber so ist es nun einmal: Hier, durch das Damaskustor, führt der kürzeste Weg zur Klagemauer. Also schreiten sie so schnell wie möglich, rennen beinahe. Manche von ihnen halten sich dabei die Hände wie Scheuklappen neben die Augen, abwehrend, abschottend. Nichts sehen, am besten auch nicht gesehen werden, nur schnell wieder raus aus dieser seltsamen anderen Welt. Und neben den orthodoxen Juden gehen langsam drei alte, russisch-orthodoxe Nonnen – komplett in schwarze Schleier eingehüllt – mit Einkaufstüten in den Händen.

All diese Menschen drängen sich durch das Nadelöhr am Damaskustor. Religionen, Nationen, Traditionen und Weltanschauungen treffen hier aufeinander. Und auch wenn sich Israelis und Palästinenser am Gazastreifen seit Jahrzehnten feindselig gegenüberstehen und sich – nicht nur im übertragenen Sinne – die Köpfe einschlagen, so müssen sie hier in der Altstadt von Jerusalem jeden Tag miteinander klarkommen. Zwangsläufig. Irgendwie. Denn eins ist offensichtlich: Die unterschiedlichen Lebenswelten wollen sich zwar eigentlich aus dem Weg gehen, doch irgendwann kommen sie unweigerlich miteinander in Berührung. Wie hier am Damaskustor. Was für ein Schauspiel.

Juden, Muslime, Christen – in Jerusalems Altstadt müssen alle auf engstem Raum miteinander auskommen.

VIA DOLOROSA

Wir gehen weiter die Steinstufen hinab – geradeaus im Laden gibt's super Falafel –, nehmen an der Abzweigung dann den linken Weg, folgen dem Souk, also dem arabischen Markt, und kommen nach wenigen Minuten an unserem Ziel an, dem Österreichischen Hospiz – einer Institution in dieser Stadt.

Wenn Sie jetzt nach oben schauen, bekommen Sie schon mal einen kleinen Vorgeschmack auf den extremen Kontrast, der Sie gleich erwarten wird. Auf der einen Seite der exotische Orient: das Minarett einer Moschee, wir sind ja mitten im Muslimischen Viertel. Und auf der anderen Seite weht uns das vertraute Abendland entgegen: die gelb-weiße Flagge des Vatikans und das Rot-Weiß-Rot Österreichs. Aber bevor wir hineingehen, bleiben wir noch kurz an der Straßenecke stehen. Denn von links hören wir Gesänge.

Die Straße hinunter kommt eine rund 30-köpfige philippinische Pilgergruppe. An ihrer Spitze eine Frau mit Dornenkrone im Haar, ein schweres Holzkreuz auf der Schulter tragend. Ja, auch das ist Jerusalem: Der Ort, an dem der Kreuzweg Christi verehrt wird, also jener Weg, den Jesus am letzten Tag seines irdischen Lebens gegangen sein soll. Die Gläubigen gedenken in 14 Stationen seines Leidensweges, von der Verurteilung durch Pontius Pilatus bis zum Kreuzestod auf Golgatha – und zwar rund um den Globus.

Hier in Jerusalem gibt es den Originalkreuzweg. Sozusagen. Denn ja: Der historische Jesus wurde in Jerusalem verurteilt und ans Kreuz geschlagen. Ob er vor gut 2000 Jahren aber genau denselben Weg nahm wie die andächtige Philippinerin heute Nachmittag, ist fraglich. Die Route wechselte nämlich im Lauf der Jahrhunderte mehrfach die Richtung, außerdem bewegt man sich heutzutage meist vier oder fünf Meter über dem Straßenniveau von damals. Klar ist aber auch: Der jetzige Verlauf des Kreuzweges wird seit der Kreuzfahrerzeit, also bereits seit etlichen Jahrhunderten, verehrt. Und vielen Gläubigen ist es ohnehin wichtiger, im Gebet an Christus zu erinnern, als dass jeder Ort streng authentisch sein müsste.

Orte, die von Historikern als »vermutlich authentisch« eingestuft werden, gibt es natürlich trotzdem. Der Tempelberg, die Grotte Gethsemane am Ölberg, die Treppenstufen bei St. Peter in Gallicantu, der Bethesda-Teich und Golgatha zum Beispiel: Dort hat sich Jesus nach derzeitigem Stand der Forschung mit relativ hoher Wahrscheinlichkeit aufgehalten.

Doch zurück zur Via Dolorosa. Bei aller Skepsis kann man festhalten, dass man auf dem heutigen Kreuzweg den Fußspuren von Millionen von Gläubigen folgt, die seit vielen Jahrhunderten dem historischen Jesus hier so nahegekommen sind wie nirgendwo sonst auf der Welt. Falls Sie selbst Interesse haben: An jedem Freitagnachmittag um 15 Uhr (während der Sommerzeit um 16 Uhr) gehen Franziskanerbrüder mit den Gläubigen entlang dem Kreuzweg betend durch die Altstadt. Treffpunkt ist bei der Geißelungskapelle in der Nähe

Via Dolorosa: Mit Dornenkrone und Kreuz auf den Spuren Jesu

Das Flair der k.u.k.-Monarchie ist heute noch erlebbar im Wiener Kaffeehaus in Jerusalem

des Löwentores. Besonderer Bonus: Die erste Kreuzwegstation ist nur auf diese Weise zugänglich. Und falls Sie – wie die Philippinerin – das volle Programm möchten: Die muslimischen Händler an der ersten und zweiten Station vermieten Kreuze und verkaufen auch Dornenkronen. Ja, wer zum ersten Mal zum Kreuzweg kommt, wird sich ziemlich wundern. Dieser Schmerzensweg Jesu in Jerusalem ist vermutlich recht anders, als Sie ihn sich bislang vorgestellt haben.

Und genau hier stehen wir nun. Am Schmerzensweg – lateinisch: Via Dolorosa – Nummer 37, beim Österreichischen Hospiz, dem ältesten und für viele auch schönsten christlichen Pilgerhaus in Jerusalem. Seit Kurzem heißt es auch nicht mehr nur Hospiz, wegen der unschönen Assoziationen an ein Sterbehaus, sondern nun ganz eindeutig und offiziell: Pilger-Hospiz.

Wir klingeln, man öffnet uns die Tür. Wir gehen ein paar Stufen hoch ins Haus hinein, an der Rezeption vorbei, dann direkt nach links, und nun hören wir sie schon, die gute alte Donaumonarchie. Bereits im Flur schwingt uns sanfte klassische Musik entgegen, dazu das geschäftige Klappern von Kaffeetassen und Kuchentellern. Wir sind angekommen – in einem originalen Wiener Kaffeehaus. Gemütliche Polster, Marmortische, weinrote und dunkelgrüne Wände. Links an der Wand in einem braunen Holzrahmen mit goldener Zierleiste: ein Bild von Kaiserin Elisabeth – Sissi – hoch erhobenen Hauptes mit Fächer, Diadem und edlem Geschmeide. Im Rahmen rechts daneben: Kaiser Franz Joseph I., mit stolzem Bart, seine Brust schwer bestückt mit Orden aller Form und

Größe. Und an der Theke ein freundliches »Grüß Gott« mit Wiener Färbung. Was hätten's denn gern? Apfelstrudel mit Schlagobers, Sachertorte, einen Einspänner und einen Verlängerten? Kommt sofort. Nehmen's derweil im Garten Platz, bittschön.

Ganz ehrlich: Wenn Sie jemandem in Wien die Augen verbinden, ihn schnarchend in ein Flugzeug setzen und ihn hier in diesem Kaffeehaus wieder aufwachen lassen – er wird keinen Unterschied bemerken. Er kann seinen gewohnten Kaffee genießen, sein original österreichisches Gösser-Bier trinken und mit Euro bezahlen. Aber wie Sie ihm dann erklären, dass er sich nicht im 1. Bezirk von Wien befindet, sondern nur zehn Gehminuten vom Felsendom in Jerusalem entfernt … das überlasse ich Ihrer Kreativität.

IM GESPRÄCH MIT MARKUS STEPHAN BUGNYÁR

Der Garten des Österreichischen Pilger-Hospizes ist ein kleines grünes Paradies, mit saftigen Pflanzen und schattenspendenden Bäumen. Hier treffe ich den Rektor des Hauses, Markus Stephan Bugnyár. Er ist österreichischer Priester und bereits seit 15 Jahren der Chef. Zusammen mit Ordensschwester Bernadette Schwarz, der Vizerektorin, leitet er das beliebte Pilgerhaus.

Das ist wirklich einer der schönsten Orte in Jerusalem. Wie reagieren Eure Besucher, wenn sie diesen Palmengarten zum ersten Mal sehen?

Sehr oft fällt das Stichwort »Oase«. Man kommt aus der quirligen Altstadt und kann für ein paar Momente einfach zur Ruhe kommen, vielleicht noch einmal Revue passieren lassen, was man gerade gesehen und erlebt hat. Für viele ist das hier ein Rückzugsort, ein Ort der Ruhe – eine Oase eben.

Kannst Du Dich noch an Deinen ersten Moment hier erinnern? Als Du zum ersten Mal dieses »Wien in Jerusalem« gesehen hast?

1994 war ich zum ersten Mal im Land. Damals gab es zwar bereits ein Wiener Kaffeehaus, aber nicht ganz mit dem Charme wie heute. Viele unserer Besucher sind vom fast schon klischeehaft Österreichischen überrascht, wie zum Beispiel von der Darstellung von Franz Joseph und Elisabeth.

Der Kaffee wird unter dem majestätischen Blick von Kaiserin Elisabeth serviert

**Schwester Bernadette und Du, Ihr kommt beide aus Österreich, eure Zivildie-
ner und Volontäre auch. Wie viel echtes Österreich hat Eure Küche zu bieten?**
Es wäre eine Mär zu behaupten, dass jede Zutat für den Apfelstrudel und die
Sachertorte aus Österreich käme – das könnten wir in der benötigten Menge auch
gar nicht importieren. Was aber definitiv aus Österreich kommt, ist unser Kaffee:
Julius-Meinl-Kaffee ist das Herzstück unseres Wiener Kaffeehauses.

DIE GANZE WELT ZU GAST
Dieses Kaffeehaus mit seinem Garten ist ein echter Magnet. Touristen aus aller
Welt kommen hierher: Am Nebentisch sitzt eine amerikanische Pilgergruppe,
daneben Franzosen, einen Tisch weiter wird Italienisch gesprochen, aber natürlich auch Arabisch und Hebräisch. Dieser Garten ist ein Ort, an dem die
verschiedensten Nationen und Kulturen für einen Moment zur Ruhe kommen.
Viele Gäste sind aus Deutschland angereist – und, na klar, auch aus Österreich.
Genau das hatte der Gründervater dieses Hauses, Joseph Othmar von Rauscher, der ehemalige Erzbischof von Wien, ja auch im Sinn. Das Österreichische
Hospiz sollte eine »Heimat fern der Heimat« werden. Und diese Heimat hat seit
der Eröffnung im Jahr 1863 auch viele berühmte Persönlichkeiten angelockt.

**Im ersten Stock gibt es eine beeindruckende Ausstellung mit den Unterschrif-
ten der berühmtesten Gäste Eures Hauses. Der Kaiser selbst war auch da ...**
Oh ja, das erste Highlight des Hauses war sicherlich der Besuch von Kaiser Franz
Joseph im Jahr 1869, anlässlich der Eröffnung des Suezkanals. Franz Joseph war

Begegnungen im Palmengarten: das kleine Paradies im Österreichischen Hospiz

das erste gekrönte Haupt eines katholischen Landes, das seit dem Ende der Kreuz-
züge wieder das Heilige Land besuchte. Das löste einen Pilgerboom aus. Es kam
zu sogenannten Volkswallfahrten, weil die Pilgerfahrten für fast alle Einkommens-
schichten erschwinglich wurden.

Gibt es das Bett noch, in dem Kaiser Franz Joseph geschlafen hat?
In unserem Fundus findet man ein simples Bettgestell, das als sein Bett interpre-
tiert wird. Franz Joseph war dafür bekannt, dass er nicht besonders luxuriös dachte, erst recht nicht auf Reisen. Ob er tatsächlich darin geschlafen hat, können wir
nur vermuten. Im November 1869 war er für drei Nächte hier im Haus, ohne seine
Gemahlin Elisabeth, aber mit großer Entourage.

Dieses Haus war ja ursprünglich als Pilgerherberge geplant. Aber ich habe gelesen, dass es lange Zeit völlig anders genutzt wurde.
Zeitweise war es Internierungslager, Offiziersschule, Polizeiquartier; es wurde als
Kriegslazarett und dann jahrelang von den Jordaniern als Krankenhaus genutzt.
Ein Krankenhaus, das übrigens einen äußerst prominenten Patienten hatte: Der
jordanische König Abdallah I. wurde im Juli 1951 nach einem Besuch der Al-Aqsa-
Moschee auf dem Tempelberg von einem palästinensischen Extremisten nieder-
geschossen. Hier im Österreichischen Hospiz erlag er seinen Verletzungen.

Erst seit 1988 ist dieser Ort wieder – wie ursprünglich geplant – ein Pilgerhaus. Wie würdest Du den Schwerpunkt Eurer täglichen Arbeit beschreiben?
Grundsätzlich bin ich ja der Meinung, dass es nicht die primäre Aufgabe der Kirche
ist, ein Hotel zu betreiben. Hier in der Heiligen Stadt ist das sicherlich sehr sinnvoll,
doch es darf sich nicht darin erschöpfen. Nein, wir schaffen durch das Kaffeehaus
und den Hotelbetrieb Arbeitsplätze. Wir beschäftigen zurzeit neben unseren Volontären und Zivildienern 36 lokale Angestellte. Davon sind 50 Prozent Christen und
50 Prozent Muslime. Wir können Menschen also eine Lebensperspektive geben.

Wenn Du Perspektive sagst, dann klingt das nach einer Verantwortung, die über das Maß eines reinen Arbeitgebers hinausgeht …
Ja, wenn dies geboten ist. Zum Beispiel wenn es darum geht, den Kindern dieser
Familien eine vernünftige Schulbildung angedeihen zu lassen, dann helfen wir bei
den Schulgeldern. Oder möglicherweise gibt es Krankheitsfälle, sodass teure Medi-
kamente gebraucht werden. Für all diese Sachen gibt es seit einiger Zeit einen So-
zialfonds, der zum Teil aus den Einnahmen des Gästehauses gespeist wird. Wir unterstützen außerdem die rund 200 Katholiken im Gazastreifen.

Es kommen auch viele Politiker hierher. Hat das Haus eine politische Rolle?
Die österreichischen Politiker kommen natürlich aufgrund der Geschichte dieses
Ortes. Wir sind nunmal die österreichische Anlaufstelle mit einer dauerpräsenten

Österreichfahne auf dem Dach. Andere Politiker kommen, weil ihre Länder zur Zeit der Gründung unseres Hauses Teil der Monarchie waren, ich denke an Ungarn, aber auch Tschechen, Slowaken, Kroaten und Slowenen. Manchmal richten wir aber auch informelle Treffen aus – zwischen internationalen Politikern und israelischen oder palästinensischen Vertretern. Das wird nicht öffentlich, das läuft dann alles sehr subkutan. Aber es ist sicherlich von Vorteil, dass wir ein neutraler Ort sind, auch wenn der Begriff abgegriffen klingt. Also, man kommt sehr gerne zu uns, einerseits wegen der Geschichte, aber natürlich auch, weil man von unserem Dach einen sehr guten, sehr umfassenden Blick auf die Altstadt hat.

DER BLICK VON DER DACHTERRASSE

Und genau wegen dieses atemberaubenden Ausblickes sind wir heute hier. Wir gehen durch das Treppenhaus in Richtung Dach, staunen auf dem Weg dorthin über die imposanten Flure des Pilgerhauses und kommen auf der Dachterrasse an, die seit dem 70. Geburtstag der Vizerektorin nun »Schwester Bernadette Terrasse« heißt.

Mit dem Chef des Hauses ist der Zugang zur Dachterrasse heute gratis; normalerweise muss man an einem Drehkreuz fünf Schekel Eintritt zahlen. Aber wie am Anfang des Kapitels versprochen, gebe ich Ihnen dieses Geld gerne zurück, sollten Sie nicht auch begeistert sein vom Panoramablick hier oben. Ich habe den späten Nachmittag für unseren Ausflug vorgeschlagen, denn wenn die Sonne untergeht, ist dieser Ort für mich einer der schönsten der Welt. Mitten in der geschäftigen Altstadt und doch erhöht genug, um die Aussicht über Jerusalem in aller Ruhe genießen zu können. Und welchen Blick man von hier oben hat! An klaren Tagen kann man in der Ferne sogar die Berge Jordaniens sehen.

Beeindruckendes Farben-Spiel! Für mich ist dieser Sonnenuntergang über der Heiligen Stadt einer der schönsten der Welt.

Aber lassen Sie uns in der Nähe bleiben, schauen Sie bitte mal nach links, da sehen Sie die lutherische Himmelfahrtkirche, daneben den Ölberg mit seinen abertausenden jüdischen Gräbern. Rechts daneben der Tempelberg mit der imposanten goldenen Kuppel des Felsendoms. Ganz in der Nähe davon die Al-Aqsa-Moschee, das drittwichtigste Heiligtum im Islam. Geradeaus sehen wir das Jüdische Viertel, wo sich auch die Klagemauer befindet, die heute heiligste Stätte des Judentums. Ein Stück weiter rechts erkennt man die Kuppel der erst kürzlich wieder aufgebauten Hurva-Synagoge.

Der Blick von der Dachterrasse des Hospizes auf die Stadt ist einfach spektakulär

Weiter geht der Blick hinüber zur deutschsprachigen Dormitio-Abtei auf dem Zionsberg, die nach dem Vorbild des Aachener Doms gebaut wurde. Und zur Rechten: der wichtigste Ort der Christenheit, die Grabeskirche, wo Jesus Christus gekreuzigt, begraben und wieder auferstanden sein soll.

All diese wertvollen Schätze der drei großen Weltreligionen liegen so unerwartet nah beieinander. Und gleichzeitig weht die österreichische Fahne vor unseren Augen, während nur wenige Meter davon entfernt das Minarett einer Moschee in den Himmel wächst. Das muss das Auge erstmal in Ruhe wahrnehmen – und der Verstand später zu ordnen versuchen.

Die Dachterrasse ist leider nur bis 18 Uhr geöffnet, aber abhängig von der Jahreszeit Ihrer Reise haben Sie vielleicht das Glück, ein einmaliges Spektakel mitzuerleben: den Sonnenuntergang – untermalt von einer Rundum-Beschallung durch die Muezzine der Stadt. Denn sobald die Sonne untergeht, beginnen die Muezzine, alle muslimischen Gläubigen zum Gebet zu rufen.

Laut hallen ihre Gesänge durch die Lautsprecher der jetzt mit grünem Neonlicht beleuchteten Minarette. »Allāhu akbar« – Gott ist der Größte. Diese Worte kann man ausmachen in dem Gebetsstrom der Gesänge. Die Stimmen scheinen von überall herzukommen. Es beginnt in einer Richtung, nach und nach setzen weitere Muezzine ein. Und dann flutet der Gesang an, bündelt seine Kraft und ergießt sich wie ein Schwall über die Altstadt von Jerusalem. Eine ganz besondere Energie liegt jetzt in der Luft. Das Wahrzeichen, die goldene

Stadt der Kontraste: Während man Sachertorte isst, rufen die Muezzine zum Gebet

Kuppel des Felsendoms, strahlt im Zwielicht des zu Ende gehenden Tages sogar noch intensiver als sonst. Der Himmel wirft die schönsten Pastellfarben auf Jerusalem, während die Muezzine noch immer rufen und ihren Gott preisen. Mit geballter Kraft.

Und dann, wenn die Sonne komplett unter dem Horizont verschwunden ist und sich das Dunkel über die Stadt gelegt hat, verklingen die Rufe von den Minaretten. Es wird ruhig. Ganz still in der sonst so quirligen Altstadt. Man könnte in dieser friedlichen Stimmung fast schon vergessen, dass da vorne, auf dem Tempelberg, nur ein kleiner Funke ausreicht, um einen großen Konflikt heraufzubeschwören. Ein Konflikt, der nicht nur diese Region in Unruhe versetzen würde, sondern praktisch die gesamte Welt. Aber daran ist heute Abend glücklicherweise nicht zu denken.

Ich stehe mit Rektor Bugnyár auf dem nun dunklen Dach über der beleuchteten Stadt und frage ihn, ob er diesen Ausblick nach 15 Jahren eigentlich immer noch genießen kann oder ob man sich irgendwann sattsieht? »Ich genieße ihn immer noch sehr«, sagt er, »vor allem, wenn ich nachts manchmal alleine hier raufgehe. Dann empfinde ich wesentlich stärker als tagsüber diese Stadt – und unser Haus. Was das alles für mich bedeutet, und was es in den letzten 15 Jahren mit mir gemacht hat.«

Vielleicht geht es Ihnen ja ähnlich nach unserem heutigen Ausflug. Vielleicht macht Jerusalem auch etwas mit Ihnen, verändert Ihren Blickwinkel auf diese

Region, die man sonst eigentlich nur aus den Nachrichten kennt. Fast immer geht es dann um Konflikte, nur selten wird über die Schönheit dieses Ortes berichtet. Vielleicht verändert diese Stadt auch Ihren Blick auf das Zusammenleben von verschiedenen Kulturen, Ihren Blick auf das Thema Religion.

Mir zumindest ging es so. Hier, an diesem Ort, wo unterschiedliche Religionen und Konfessionen aufeinandertreffen, miteinander diskutieren und konkurrieren, erst hier habe ich mir über meine eigene Religion so richtig Gedanken gemacht. Vielleicht ist dieser Ort also auch eine Inspiration für Sie. Was auch immer der Besuch in Jerusalem mit Ihnen macht, eins ist sicher: Sie haben heute einmalige Erinnerungsfotos von der wohl schönsten Dachterrasse der Stadt geschossen. Und Jerusalem lag Ihnen – für einige unvergessliche Augenblicke – zu Füßen.

WAS?

Einen extrem unerwarteten Kontrast erleben: Unter den Augen von Kaiserin Sissi Sachertorte und Apfelstrudel essen, während der Muezzin vom Minarett zum Gebet ruft.

Das legendäre Österreichische Pilger-Hospiz befindet sich mitten im Muslimischen Viertel und bietet sehr zentrale Übernachtungsmöglichkeiten (in Einzel- und Doppelzimmern sowie in preisgüns-tigen Schlafsälen), sowohl im Pilger-Hospiz selbst als auch in der »Casa Austria«, einem im Frühjahr 2019 eröffneten modernen Anbau.

Außerdem gibt's ein originales Wiener Kaffeehaus, einen gemütlichen Palmengarten und eine Dachterrasse mit sensationellem Blick über die Stadt.

WO?

Österreichisches Pilger-Hospiz zur Heiligen Familie €
• Via Dolorosa 37
  Muslimisches Viertel
  office@austrianhospice.com
  www.austrianhospice.com

WANN?

• Öffnungszeiten der »Schwester Bernadette Terrasse«: täglich 10–18 Uhr
• Öffnungszeiten des Wiener Kaffeehauses: täglich 10–22 Uhr (Küche bis 21 Uhr)

KOSTEN

• Der Eintritt zur Dachterrasse beträgt 5 Schekel

NICHT VERPASSEN

• Den original österreichischen Kaffee im schattigen Garten mit kostenlosem Internetzugang genießen.
• Die schöne Hauskapelle »Zur Heiligen Familie« mit der Darstellung von Kaiser Franz Joseph I. als König von Jerusalem (diesen Ehrentitel trug er tatsächlich) und eine Reliquie des Seligen Kaisers Karl besuchen.
• Heilige Messen: Mo–Fr um 8 Uhr, So um 10.30 Uhr

TIPPS

ÜBERNACHTEN IN JERUSALEM

Herbergen

Österreichisches Hospiz € > S. 21

Paulus-Haus € > Kasten unten

Ecce Homo Pilgerhaus €

Einfach, aber sehr zentral gelegen. Auch von diesem Dach lässt sich ein wunderbarer Sonnenuntergang genießen. Französischsprachig.
• Via Dolorosa 41
  www.eccehomopilgrimhouse.com

Deutsches Hospiz – St. Charles €

Nicht ganz so zentral gelegen, dafür frisch renovierte Zimmer und viel Ruhe.
• Lloyd George Street 12
  www.deutsches-hospiz.de

Casa Nova der Franziskaner €

Sehr zentral gelegen im Christlichen Viertel der Altstadt, einfache Herberge, vor allem bei Pilgergruppen aus Italien beliebt.
• Casa Nova Street
  www.custodia.org

Lutherisches Gästehaus €€ > Kasten unten

DEUTSCHSPRACHIGES IN JERUSALEM

Innerhalb (oder nur wenige Meter außerhalb) der Altstadtmauern gibt es noch weitere deutschsprachige Anlaufstellen. Der »Deutsche Verein vom Heiligen Lande« betreibt das eindrucksvolle **Paulus-Haus** direkt gegenüber dem Damaskustor. Hier findet man sehr zentrale und gute Übernachtungsmöglichkeiten zu fairen Preisen (Nablus Road 97, www.heilig-land-reisen.de/paulushaus-zimmer). Nicht verpassen: Das kleine Museum im Keller zeigt eines der sehr seltenen Modelle des Zweiten Jerusalemer Tempels. Toll ist der Blick von der Dachterrasse auf das Damaskustor und die prächtige Altstadtmauer.

Auch das **Lutherische Gästehaus** (St. Mark's Road, www.guesthouse-jerusalem.com) bietet sehr zentrale Übernachtungsmöglichkeiten im Christlichen Viertel der Altstadt, ganz in der Nähe der Grabeskirche, außerdem ein schönes Café. Archäologisch hochinteressant sind die Ausgrabungen unterhalb der evangelisch-lutherischen Erlöserkirche, spektakulär der Ausblick vom 43 Meter hohen Turm (Mo–Sa 10–17 Uhr, 15 Schekel).

Ein weiterer Treffpunkt der deutschsprachigen Pilger ist die imposante Benediktiner-Abtei **Dormitio** > S. 102 auf dem Zionsberg (www.dormitio.net), nur wenige Schritte außerhalb der Stadtmauer, wenn man das Armenische Viertel durch das Zionstor verlässt. In der Krypta der Dormitio gedenkt man des Todes der Gottesmutter Maria. Beeindruckend das Apsismosaik im Chorraum der Basilika. Im Café der Dormitio kann man eine gemütliche Verschnaufpause einlegen (kostenloses Internet), der Klostershop bietet eine große Auswahl an Büchern, Religiösem und Souvenirs. Näheres über die Dormitio finden Sie im Kapitel 8 »Ich trage Deinen Namen in die Heilige Nacht«. Dort erfahren Sie auch alles über eine sehr besondere Weihnachtsaktion: Die Dormitio-Mönche tragen zehntausende Namen in der Heiligen Nacht nach Bethlehem und legen sie dort auf den Geburtsstern Jesu.

Hotels

Einfache Hotels

YMCA Three Arches Hotel €
Toplage gegenüber dem berühmten King David Hotel (siehe unten), gute Zimmer, großes Gym mit Schwimmbad.
• King David Street 26 | www.ymca3arches.com

Eldan Hotel €
Direkt neben dem YMCA gelegen, frisch renoviert, schöne Zimmer, tolles Frühstück.
• King David Street 24 | www.eldanhotel.com

Mittlerer Standard

Prima Park Hotel €€
Businesshotel in guter Lage, schönes Frühstück.
• Ze'ev Vilnai Street 2
  www.prima-hotels-israel.com

Herbert Samuel Jerusalem €€
Zentral gelegen an der Haupteinkaufsstraße der Neustadt. Gutes Gym mit Pool. Sensationelles Frühstück mit tollem Blick.
• Shamai Street 25
  www.herbertsamuel.com

Oberklasse

The American Colony Jerusalem €€€
Traditionsreiches Luxushotel, Politiker und Diplomaten steigen hier ab. Legendäre Bar im Keller, nicht ganz zentral.
• Louis Vincent Street 1
  www.americancolony.com

Mamilla Hotel €€€
Super zentral gelegen an der Mamilla Shopping Mall, direkt neben der Altstadtmauer. Luxus pur, das hat seinen Preis.
• Shlomo Ha-Melekh Street 11
  www.mamillahotel.co.il

King David Jerusalem €€€
Dieses Hotel ist eine Ikone. Alle Staatsgäste steigen hier ab, Präsidenten, Könige, aber auch Schauspieler und Nobelpreisträger. Die wichtigsten Unterschriften aus dem beeindruckenden Gästebuch werden in der Lobby präsentiert. Allein schon deshalb einen Besuch wert, aber lieber nicht allzu leger gekleidet kommen, sonst wird man abgewiesen.
• King David Street 23 | www.danhotels.com

Altstadtmauer und Damaskustor, gesehen von der Dachterrasse des Paulus-Hauses

Die Grabeskirche Jesu, von den Griechen auch – eigentlich treffender – »Anastasis« (Auferstehungskirche) genannt

NACHTS IN DER
GRABESKIRCHE

Weihrauch,
Gebete und eine
skurrile Begegnung...

DER GEHEIME GESANG DER MÖNCHE

»Tell me, Stefan, where are you on your spiritual journey?«, fragt mich Jacob mit seiner sehr, sehr sanften Stimme, während wir nebeneinander in der Grabeskirche sitzen, auf einer einfachen Holzbank ganz in der Nähe der massiven Eingangstür, die gleich um 19.30 Uhr geschlossen werden soll.

Und ja, wir wollen uns hier tatsächlich einschließen lassen und eine ganze Nacht lang in der Grabeskirche bleiben. Dort, wo Jesus Christus gekreuzigt, gestorben, begraben und von den Toten auferstanden sein soll, dem zweifellos heiligsten Ort der Christenheit. Jacob und ich haben uns gerade erst kennengelernt, hier auf der Holzbank, und ich frage mich allen Ernstes, ob ich vielleicht neben einem bezahlten Laienschauspieler sitze, der Menschen wie mir klarmachen soll, dass Jesus wahrhaftig von den Toten auferstanden ist. Denn – und das ist kein Scherz – Jacob sieht aus wie der Hauptdarsteller bei den Oberammergauer Passionsspielen. Ungefähr so groß wie ich, Anfang 50. Dunkle, glatte Haare, die ihm weich auf die Schultern fallen. Dazu Bart, sanfte Augen, noch sanftere Stimme. Und statt Jeans und Pulli trägt Jacob, der ursprünglich aus Amerika kommt, nichts außer einer knöchellangen weißen Toga, die er mit einem Strick um die Hüften zusammengebunden hat. Dazu noch, na klar, Ledersandalen an nackten Füßen. Neben mir sitzt Jesus, der mich gerade gefragt hat, wo ich denn eigentlich so sei auf meiner spirituellen Reise.

STATT STILLE UND EINKEHR ...

Um zu verstehen, wie ich in diese Situation gekommen bin, müssen wir ein paar Stunden zurückspringen. Am Vormittag hatte ich den Tipp bekommen, dass man sich über Nacht in der Grabeskirche einschließen lassen kann. Man solle einfach nur tagsüber bei den Franziskanerbrüdern innerhalb der Kirche nachfragen, und dann dürfe man, mit ein bisschen Glück, abends bleiben – während alle anderen Touristen und Pilger aus der Kirche hinausgefegt werden, und mit ihnen die Hektik, der Lärm und das Gedränge des Tages.

Für mich eine wunderbare Vorstellung, denn mein allererster Besuch in

Die Begegnung mit Jacob ist unvergesslich

Gebet im Kerzenschein. Tagsüber herrscht großer Andrang, wie hier im armenischen Bereich

der Grabeskirche war mehr als ernüchternd. Ich hatte mir einen ruhigen, würdevollen Ort vorgestellt, der zum Gebet und zur Meditation einlädt. Doch zur Hauptreisezeit geht es am Grab Jesu zu wie auf einem geschwätzigen Basar, wortwörtlich. Wenn man Pech hat und gleichzeitig mehrere Touristengruppen in die Kirche einfallen, drängt sich, schiebt sich und zwängt sich eine fotografierende Menschenmasse durch die Eingangstür, am sogenannten Salbungsstein vorbei zur Ädikula, um dort von metallenen Absperrgittern eingezwängt und in Richtung Grabeingang gequetscht zu werden.

Als Ädikula bezeichnet man die Kapelle im Herzen der Grabeskirche, quasi eine kleine Kirche innerhalb der großen. Sie ist – der Tradition nach – der Ort, an dem Jesus Christus nach seinem Kreuzestod in eine Grabhöhle gelegt wurde, nachdem sein geschundener Körper auf dem Salbungsstein mit wohlriechenden Ölen eingerieben worden war. Damals.

... GEDRÄNGE UND LÄRM

Heute, gut 2000 Jahre später, werden hier auf dem Salbungsstein »Kontaktreliquien« hergestellt: Mitgebrachte Rosenkränze, Kerzen, Ikonen und Tücher kommen auf den Stein, sogar Schlüsselbunde, Kühlschrankmagnete und Handys. Die Pilger bewegen, wischen und wenden diese Gegenstände voller Inbrunst auf dem Stein, damit sie den Segen des Steins möglichst unmittelbar und direkt aufsaugen wie ein Schwamm. Was viele Gläubige vermutlich nicht wissen:

Gläubige stellen am Salbungsstein »Kontaktreliquien« her

Der Stein soll zwar an die Salbung Christi erinnern, wurde aber erst nach einem Brand im Jahr 1808 gelegt.

Die Tourguides in der Grabeskirche geben sich nur selten Mühe, ihre Stimmen zu dämpfen; Selfie-Sticks an fast jeder Ecke. Und innerhalb der Ädikula, also im Grab selbst, bleiben einem nach sehr langem Anstehen oft nur wenige Sekunden Zeit, bevor man von einem griechischen Mönch recht ruppig aufgefordert wird, doch bitte mal schneller zu beten, es wären ja schließlich auch noch andere Leute da. Das alles hat mich bei meinem ersten Besuch ziemlich irritiert.

Was mich hingegen eher erstaunt hat, war »Golgatha«, die Schädelhöhe, auch »Kalvarienberg« genannt. Also jener Ort, an dem früher das Kreuz Christi stand. Ich wette, dass auch vor Ihrem geistigen Auge sich bei diesem Gedanken eine weite Landschaft auftut, ein großer einsamer Hügel in der Ferne, auf dem die drei Kreuze von Jesus und den beiden Schächern stehen. Dass aber Kreuzigungshügel und Grab nur einen Steinwurf voneinander entfernt liegen, heute unter ein und demselben Dach hier in der Grabeskirche, das hätte ich vor meinem Besuch auch nicht vermutet. Reisen bildet.

DIE GUTE SEELE DER GRABESKIRCHE

Aber zurück zu der Möglichkeit, sich in der Kirche einschließen zu lassen, ohne Menschenmassen. Die Franziskanerbrüder, so hatte ich gehört, erlauben jeden Abend maximal 15 Menschen zu bleiben. Und so stehe ich also vormittags im katholischen Bereich der Kirche, unschwer zu erkennen am sauberen, schwarz-weißen Marmorboden, neben Siniša, einem freundlichen Franziskanerbruder im dunkelbraunen Habit, der – »let me check« – kurz in der Sakristei verschwindet, seine Liste prüft und mir wenig später die Erlaubnis erteilt.

Seit 13 Jahren ist der 38-jährige gebürtige Kroate im Heiligen Land, seit drei Jahren als Sakristan in der Grabeskirche und dafür verantwortlich, dass die katholischen Messen und Prozessionen pünktlich und ordentlich ablaufen. Er ist die gute Seele hier und unglaublich offen und sympathisch. Ich solle bitte um kurz vor halb acht auf einer Holzbank in der Nähe des Eingangs warten, mir etwas zu essen und zu trinken mitbringen und eine Jacke nicht vergessen, es könne nachts ziemlich frisch werden. Und drei Regeln sind unbedingt zu beachten: Nicht singen. Nicht schlafen. Keine Kerzen anzünden.

SECHS KONFESSIONEN UND DIE MUSLIMISCHEN SCHLÜSSELWÄCHTER

Und da sitze ich nun mit Jacob auf der Holzbank und warte auf die Schließung der Kirche, die ein echtes Highlight ist. Nicht nur für die knipsenden Touristen draußen vor der Tür, sondern auch hier drinnen. Denn bei der Zeremonie sind jeden Abend die Vertreter der drei »Besitzerkommunitäten« anwesend – also ein Grieche, ein Franziskaner und ein Armenier.

Das mag bereits viel klingen, doch das Innere der Grabeskirche hat noch deutlich mehr christliche Vielfalt zu bieten, nämlich insgesamt sechs Konfessionen: griechisch-orthodox, römisch-katholisch, armenisch-apostolisch, koptisch, syrisch-orthodox, äthiopisch-orthodox. Diese Reihenfolge spiegelt in etwa auch die »Wichtigkeit« innerhalb der Grabeskirche wider, also wer wie viele heilige Stätten verwalten, betreuen und putzen darf.

Putzen ist hier am heiligsten Ort keine lästige Pflicht, sondern ein großes Privileg. Die Griechen zum Beispiel haben sich die bedeutendsten Orte gesichert, Kreuzeshügel und Grab, die Kopten hingegen nur eine sehr übersichtliche Kapelle, die sich an das Grab Jesu von hinten geradezu eifersüchtig heranschmiegt. Und für die armen Äthiopier war irgendwann gar kein Platz mehr in der Kirche. Nach einem Streit flogen sie raus und wohnen schon seit dem 17. Jahrhundert auf dem Dach.

Nun ja, auch in einem christlichen Haushalt hängt manchmal der Haussegen schief. Es kommt schon vor, dass Mönche verschiedener Konfessionen mit Fäusten, Besenstielen oder riesigen Kerzenständern aufeinander losgehen. Es gibt dazu sogar Videos auf YouTube. Der Konflikt zwischen den Christen in der Grabeskirche hat lange Tradition. Und so ist es auch kein Wunder, dass seit vielen Jahrhunderten zwei nichtchristliche, sprich muslimische Familien die Schlüssel zur heiligsten Kirche der Christenheit verwalten. Sicher ist sicher.

Die Familie Nusseibeh bekam die Schlüsselgewalt im Jahr 637 per Dekret vom Kalifen Omar Ibn Khattab. Nachdem die christlichen Kreuzfah-

Ein Moment, der ehrfürchtig macht: Sonnenstrahlen beleuchten die Ädikula

rer den Nusseibehs den Schlüssel wieder abgenommen hatten, verfügte Sultan Saladin, der im Jahr 1187 die Kreuzfahrer wieder aus Jerusalem vertrieb, dass die Familie Joudeh neuer Schlüsselverwalter sei. Und so ist es bis heute: Die Joudehs verwahren die Schlüssel, die Nusseibehs schließen auf und wieder zu. »Wir sind eine neutrale Partei«, sagt Türwächter Wajeeh Nusseibeh, »ohne uns würde zwischen den Christen wohl ein Heiliger Krieg ausbrechen.«

DIE TÜR WIRD GESCHLOSSEN

Laute, harte Schläge hallen durch die uralten Mauern der Grabeskirche, die schon so vieles erlebt hat. 335 nach Christus wurde der erste Bau eingeweiht, und mir wird in diesem Augenblick so bewusst wie nie zuvor, dass unsere heutige Zeitrechnung, dieses »nach Christus«, sich auf die Geburt ebenjenes Mannes bezieht, der genau hier vor rund 2000 Jahren von den Toten auferstanden sein soll. Und wieder laute, harte Schläge. Mit einem schweren Eisenring, der an der Tür angebracht ist, klopft Wajeeh Nusseibeh gegen das hohe Holzportal. Die letzten Touristen und Pilger verlassen eher unwillig und zögerlich den heiligen Ort, während sich innen die Mönche im Halbkreis formieren.

Und kurz bevor die Türen geschlossen werden sollen, kommt es zu einem kleinen Eklat. Jacob, der mir gerade noch stolz erzählt hat, dass wohl niemand so häufig über Nacht in der Grabeskirche geblieben sei wie er selbst – abgesehen von den Mönchen natürlich –, wird zum Stein des Anstoßes. Ich vermute im Stillen, dass er die Worte »über Nacht bleiben« und »übernachten« wohl allzu häufig verwechselt hatte. Ein Franziskaner packt Jacob am Arm und will ihn aus der Kirche zerren: »Du schon wieder! Du denkst wohl, das hier ist ein billiges Hotel!« Es wird laut. Jacob schaut verzweifelt. »Aber Vater, nur noch dieses eine Mal«, bettelt er mit sanfter Stimme, »dieses eine Mal noch, bitte!« Und tatsächlich lässt der Ordensmann in der braunen Kutte den Mann in der weißen Toga los. Jacob darf bleiben. Er sieht überglücklich aus.

> *Das Verschließen der Grabeskirche ist seit Jahrhunderten ein eingespieltes Ritual.*

Die Flügeltüren schließen sich, und eine kleine quadratische Klappe in Bauchhöhe wird geöffnet, durch die einer der Mönche eine Leiter hinausreicht. Die Menschen draußen vor der Tür sehen nun, wie ein junger Mann die Leiter hinaufklettert, Eisenstifte und alte Scharniere miteinander verbindet, die Türen verriegelt, und die Leiter durch die Klappe wieder zurück ins Innere reicht.

Ein magischer Moment schließt sich an: Während die Klappe zugeht, scheint es, als würde sie mit jedem weiteren Zentimeter ihrer Bewegung gleichsam allen Lärm von draußen in sich aufnehmen und verschlucken. Mit einem Mal breitet sich eine unerwartet tiefe Stille im Kirchenraum aus.

DER STATUS QUO

An dieser Stelle ein kurzer historischer Exkurs für all jene, die beim Wort »Leiter« hellhörig geworden sind. Ja, es gibt eine besondere Geschichte zu einer Leiter in der Grabeskirche, allerdings geht es dabei nicht um die Leiter bei der Kirchenschließung. Wer auf dem Vorplatz der Kirche steht und auf die Fassade mit dem Eingangsportal schaut, sieht oben auf einem breiten Sims unterhalb des rechten großen Fensters eine einfache Holzleiter stehen. Keiner weiß heute mehr genau, wer sie dort hingestellt

Die Hoheit über eine der wichtigsten Pforten der Christenheit liegt in muslimischer Hand

hat, aber niemand darf die Leiter verrücken oder wegnehmen.

Das liegt am sogenannten Status quo von 1757, ein Dekret, das von Sultan Osman III. erlassen und von Sultan Abdulmecid 1852 bestätigt wurde – damals gehörte Jerusalem noch zum Osmanischen Reich. Um die ewigen Streitereien um Gebetszeiten und Gebietsansprüche innerhalb der Kirchenmauern zu beenden, wurde bestimmt, dass nichts mehr verändert werden durfte. Ausnahmslos. Nicht einmal eine Leiter durfte an einen anderen Ort gestellt werden. Nur noch im Einvernehmen aller Konfessionen konnte etwas am Status quo verändert werden. Und das ist bis zum heutigen Tag so. Deswegen gilt übrigens im Sommer in der Kirche auch eine andere Zeit als im Rest Jerusalems: Die Mönche dürfen ihre Uhren nicht auf Sommerzeit umstellen. Ja, in der Kirche ticken die Uhren oft anders, in der Grabeskirche in den Sommermonaten wortwörtlich.

Aber zurück zur Leiter: Für Touristen ist sie Teil einer skurrilen Anekdote, für Gläubige hingegen ein stummer Zeuge der tiefen Kirchenspaltung. Immerhin konnten sich die Besitzerkommunitäten 2016 darauf einigen, die Ädikula grundlegend restaurieren zu lassen – auch wenn dazu enormer Druck der israelischen Behörden nötig gewesen war, die die Grabkapelle sogar wegen akuter Einsturzgefahr kurzfristig geschlossen hatten.

DIE RITUALE DER NACHT

Rund um die Ädikula wird es jetzt, nachdem die Türen der Kirche geschlossen sind, geschäftig. Griechische Mönche haben ihre schwarzen Talare ausgezogen und gehen in Hemd und Jeans dem nach, was man in der säkularen Welt wohl als Putz- und Instandsetzungsdienst bezeichnen würde: fegen, wischen, Kaugummis vom Boden kratzen, Öllampen auffüllen. Nach etwa dreißig Minuten sind die Mönche fertig. Die hellen elektrischen Lichter vor der Ädikula werden ausgeknipst, nur noch die vielen kleinen Feuer in den Lampen vor dem Grab, über dem Salbungsstein und auf Golgatha tauchen den Raum jetzt in warmes, flackerndes Licht.

Es wird still. In welchen Teil der Kirche Jacob mittlerweile verschwunden ist, weiß ich nicht. Dafür sind aus dem griechisch-orthodoxen Kloster, das an die Grabeskirche angrenzt, zwei alte, gebeugte Nonnen aufgetaucht. Beide in tiefes Schwarz gekleidet, die Haare mit einem schwarzen Tuch bedeckt, in den Händen Gebetsketten und Bücher, denen man ansieht, dass sie schon in unzähligen Nächten durch die Hände der Alten gegangen sind. Eine sitzt tief versunken auf einer Holzbank vor dem Grab, ihr Mund lautlos die alten Gebete formend, während die Gebetskette in ihrer Hand sich langsam, aber regelmäßig vorwärts bewegt. Die andere kniet in der Ädikula, im Grab, vor der hellen Marmorplatte, die den Felsen überdeckt, auf den man den Leichnam Jesu gebracht haben soll. Fast liebkosend hat die alte Frau ihren Kopf ruhig auf den Stein gelegt.

In der absoluten Stille dieses Augenblicks frage ich mich, wie viele Menschen in den letzten Jahrhunderten wohl schon so vor diesem Stein gekniet haben mögen? Wie viele diesem besonderen Ort ihr Innerstes anvertraut haben, ihren Kummer und Schmerz, ihre Sehnsüchte und ihre Liebe. Wie viel Blut für diesen

Reinigungsarbeiten sind in der Grabeskirche keine lästige Pflicht, sondern ein Privileg

Ort bereits geflossen ist, wie viele Menschen in den brutalen Kreuzzügen ihr Leben lassen mussten. Ein Ort, der tagsüber durch den Trubel fast schon entweiht wird, der aber in der Stille der Nacht endlich seine ihm gebührende Würde zurückerhält.

Diese Würde drückt sich auch in den Liturgien aus, das heißt in den alten Ritualen und Gesängen, die nahezu ausnahmslos während der Nacht stattfinden, weil tagsüber dafür nur wenig Platz und Ruhe bleibt.

Nachdem es also nach der Kirchenschließung um 19.30 Uhr und dem anschließenden Aufräumen lange Zeit absolut still ist, und ich diese wertvollen, intimen Stunden nutze, um vollkommen allein an den heiligen Orten zu sein, läuten um 23.30 Uhr plötzlich die Glocken innerhalb der Kirche. Nun beginnen die einzelnen Konfessionen, nacheinander ihre Liturgien abzuhalten. Jede Glaubensrichtung in ihrer besonderen Tradition mit ihren eigenen und für unser Ohr oft fremdartigen Gesängen.

Bruder Siniša legt in der Nacht Gaben an den Stabat-Mater-Altar

Alles beginnt mit einer Art Prozession, die die Sinne benebelt, wortwörtlich. Mit Weihrauchfässern, an deren Ketten kleine Glöckchen angebracht sind, die einen rhythmischen, hellen Klang von sich geben, tragen die Mönche – Griechen, Armenier und Kopten – nacheinander ihren weißen Rauch in jeden Winkel der Kirche hinein, in jede Kapelle, jede noch so versteckte Nische. Unterschiedliche Duftnoten dringen in die Nase, während hier, in der abgeschlossenen Kirche, im Zentrum des Glaubens für mehr als 2,5 Milliarden Christen weltweit, die Hüter der heiligen Stätten mitten in der Nacht ihren Gott preisen. Wer an welchem Ort und zu welchem Zeitpunkt beten darf, ist – wie gesagt – minutiös im Status quo festgelegt.

Den Anfang machen um Mitternacht die griechisch-orthodoxen Mönche. Acht von ihnen stehen, nun wieder in langen schwarzen Talaren, vor der Ädikula und singen mit ihren kraftvollen, tiefen Bässen fast eine Stunde lang, während ich fasziniert aus einer Ecke zuschaue und den Stimmen lausche, die den Kirchenraum bis in jeden Winkel auszufüllen scheinen. Diese Männer, die ihr Leben ihrem Gott verschrieben haben, singen mitten in der Nacht zum Lob des

Allerhöchsten. Sie tun es nicht für sich selbst, erst recht nicht für einen Zuhörer wie mich, nicht für den Effekt, sondern weil sie ihren Schöpfer preisen wollen. Und hier in der Nacht darf jeder von uns Zeuge davon werden.

Dann öffnet sich die Tür zur römisch-katholischen Kapelle, und die Franziskanerbrüder singen, im Kontrast zu den starken und tiefen Stimmen der Griechen, eher sanft und sehr harmonisch die alten gregorianischen Gesänge.

Auf ähnliche Weise öffnen sich während der Nacht immer wieder Türen, andere schließen sich. Armenische Mönche stehen jetzt vor der Ädikula. Sie tragen spitze schwarze Hüte, von denen lange, tiefschwarze Gewänder bis zum Boden reichen. Auch sie bringen ihre eigenen Melodien mit, den ganz besonderen Rhythmus ihrer Sprache. Einer ihrer Priester ist in einen langen roten Mantel gehüllt. Er trägt eine goldene Krone auf dem Kopf und singt – während er sich ein goldenes Kreuz vor die Brust hält – atemberaubend schöne Lieder.

Es sind uralten Liturgien, die jede Nacht gefeiert werden – auf eine einzigartige, festgelegte Weise. Unverändert seit Jahrhunderten. Während die Welt draußen schläft und wohl nichts von alldem ahnt, was hier in der Grabeskirche jede Nacht geschieht.

EIN NEUER TAG BRICHT AN

Irgendwann zwischen halb vier und vier muss es wohl passiert sein, nach dem Gesang der Armenier: Ich muss in der Stille der Nacht, eingehüllt in all die faszinierenden und oft fremden Eindrücke, kurz eingenickt sein. Doch jetzt dringen plötzlich Geräusche in mein Ohr und wecken mich auf. Gemurmel, eilige Schritte. Herr Nusseibeh hat wohl, pünktlich um vier Uhr, die Türen geöffnet, denn die ersten frühen Pilger strömen jetzt in die Kirche hinein.

Die Nacht in der Grabeskirche ist vorbei. Während ich Jacob – der plötzlich wieder aufgetaucht ist – noch zum Abschied zuwinke und ich die heiligste Kirche der Christenheit verlasse, empfängt mich das Morgengrauen der erwachenden Stadt.

Während die Muezzine den neuen Tag verkünden, wirkt in mir diese außergewöhnliche Nacht noch nach.

Und in diesem Moment, am Beginn eines neuen Tages in Jerusalem, höre ich die Muezzine. Laut über alle Dächer hinweg rufen sie die Muslime der Stadt zum Gebet. Ich bin mir sicher, dass es dieses Erlebnis, dieses unmittelbare, unvermittelte Zusammentreffen der Religionen auf engstem Raum wohl nur hier gibt, in Jerusalem, an keinem anderen Ort der Welt. »Wo bist Du auf Deiner spirituellen Reise?«, hat mich Jacob gefragt. Ich weiß es nicht genau. Aber so viel steht fest: Die vergangene Nacht hat sich mir tief eingeprägt.

KURZFRISTIG VERWIRRTE MENSCHEN UND NOCH EINE LEITER

Der Vollständigkeit halber: Das sogenannte Jerusalem-Syndrom gibt es tatsächlich, wenn auch nur äußerst selten, wie Doktor Moshe Kalian, Psychiater in Jerusalem, bestätigt, der sich federführend mit diesem speziellen Phänomen befasst. Denn genau das ist es: keine eigenständige psychische Erkrankung, sondern ein reversibles Phänomen, das einige Pilger beim Besuch der Heiligen Stadt urplötzlich denken lässt, sie seien eine Gestalt aus der Bibel – Jesus zum Beispiel, einer seiner Jünger oder auch ein Prophet. Diese kurzfristig verwirrten Menschen nehmen sich dann

Eigenwillige Streitkultur: die Protestleiter in der Osterzeit

häufig weiße Bettlaken aus den Hotelzimmern mit und kleiden sich auf der Straße wie »Johannes der Täufer« oder »der Prophet Jeremia«.

Ob Jacob auch von diesem Jerusalem-Syndrom betroffen ist, kann ich nicht sagen. Nach jener Nacht habe ich ihn noch ein paar Mal vor und innerhalb der Grabeskirche wiedergesehen – jedes Mal trug er eine weiße Toga. Das Jerusalem-Syndrom wäre bei ihm also eher permanenter Natur.

Und noch ein Fun-Fact zum Thema »Grabeskirche und Leitern«: Sollten Sie in der Osterzeit – genauer gesagt zwischen dem Tag nach Aschermittwoch und Fronleichnam – in der Grabeskirche sein, werden Sie im Eingangsbereich, links hinter dem Salbungsstein, eine hohe, moderne Aluminiumleiter sehen. Hat die einfach jemand vergessen? Sie ahnen es bereits: natürlich nicht. Die Leiter ist Teil eines stillen Protestes der katholischen Franziskaner gegen die griechisch-orthodoxen Mönche. Hintergrund ist angeblich ein Streit um eine katholische Öllampe, die von den Griechen entfernt wurde. Außerdem hätten die Griechen eine Mauer viel zu hoch gezogen. Und es geht um Kreuzrittergräber, die die Griechen einfach entfernt hätten, ohne danach zumindest eine Gedenkplatte anzubringen, obwohl man sie mehrfach dazu aufgefordert hätte.

So erzählen es zumindest die Franziskaner. Tja, und was macht man nun, wenn man sich über die anderen ärgert und ihnen – nicht schon wieder – mit einem Besenstiel auf den Kopf hauen will? Ganz genau: Man stellt ihnen einfach eine Protestleiter in den Weg, und zwar bereits seit 1810. Willkommen in der Grabeskirche in Jerusalem.

Und als wäre diese Geschichte nicht skurril genug, noch das hier: »Wie reagieren die Griechen denn auf Eure Protestleiter?«, frage ich Bruder Siniša. »Sind die sauer?« – »Ach nein«, lacht der Franziskanerbruder, »im Gegenteil. Jedes Jahr an Aschermittwoch kommen sie zu uns und sagen: Denkt dran, morgen früh müsst Ihr wieder Eure Leiter aufstellen!«

Was für eine eigenwillige, für Außenstehende nur bedingt nachvollziehbare Streitkultur, die hier hinter den alten Mauern gepflegt wird! Die Konflikte sind offenbar schon so sehr ritualisiert und eingespielt, dass die Beteiligten sie sogar irgendwie vermissen würden. Verrückt. Ich muss an alte, kauzige Ehepaare denken, die ihren Alltag ohne die gewohnten Kratzbürstigkeiten des Partners vermutlich ziemlich langweilig fänden. Und so hat die Leiter-Geschichte aus der Grabeskirche doch auch etwas Tröstliches, finden Sie nicht? Selbst am allerheiligsten Ort, dort wo das Irdische auf das Himmlische trifft, geht es oft genug genauso menschlich zu wie bei uns Normalsterblichen.

WAS?

Sich über Nacht in der heiligsten Kirche der Christenheit einschließen lassen. Einfach tagsüber nachfragen bei den Franziskanerbrüdern im römisch-katholischen Bereich der Kirche, erkennbar am schwarz-weißen Marmorfußboden. Nicht singen, nicht schlafen, keine Kerzen entzünden. Warme Jacke mitbringen, denn es kann nachts ziemlich kühl werden. Toiletten vorhanden.

WO?

Grabeskirche Jerusalem
• Christliches Viertel

WANN?

• Öffnungszeiten der Grabeskirche: April–August: 5–21, September: 5–20.30, Oktober: 5–20, November–Februar: 4–19, März: 4–19.30 Uhr

NICHT VERPASSEN

Die Mönche des äthiopischen Klosters (Deir es-Sultan) wohnen auf dem Dach der Grabeskirche unter erbärmlichen Umständen. Nichts darf modernisiert werden, nicht einmal die Toiletten – Status quo! Der Zugang ist relativ einfach zu finden: Auf dem Vorplatz zur Grabeskirche sind auf der rechten Seite zwei Türen, es ist die linke der beiden. Ein dunkler Gang führt hinauf zum Kloster. Es gibt aber auch einen Weg um die Kirche herum, durch den Souk, in der Nähe der 9. Kreuzwegstation. Am besten einfach durchfragen. Hier finden Sie übrigens auch eine Zisterne mit unterirdischem See und sagenhaftem Echo – in der koptischen Königin-Helena-Kirche › S. 70.

TIPPS

ÜBERIRDISCHES –
RELIGIÖSE FEIERN UND PROZESSIONEN

Kerzenprozession in der Grabeskirche

Täglich um 17 Uhr (im Winter um 16 Uhr) ziehen die Franziskaner in einer Prozession
durch die Grabeskirche. Start ist in der katholischen Sakramentskapelle (auch »Kapelle der
Erscheinung« genannt), danach gehen die
Gläubigen mit Kerzen in den Händen in Richtung Golgatha. Die Prozession dauert ca. eine
Stunde und steht allen Interessierten offen.

Prozessionen der armenischen Christen
finden freitags, samstags und sonntags um
17.15 Uhr (im Winter um 16.15 Uhr) statt.

Einen Überblick über Kirchen, Öffnungszeiten und Messfeiern bietet www.cicts.org.

Kreuzweg mit den Franziskanern

Jeden Freitag (außer direkt nach Ostern und
Weihnachten) beten die Franziskaner mit den
Gläubigen den Kreuzweg in der Jerusalemer
Altstadt – um 16 Uhr im Sommer, um 15 Uhr
im Winter. Treffpunkt ist bei der Geißelungs-
kapelle in der Nähe des Löwentores (Lions'
Gate). Besonderer Bonus: Die erste Kreuzweg-
station ist nur auf diese Weise zugänglich.

Fastenbrechen im Ramadan

Im Fastenmonat der Muslime wird in Jerusalem die Nacht zum Tag. Das Ende des Fastens
tagsüber wird jeden Abend mit einem Kano-
nenschuss in der Nähe des Herodestores an-
gekündigt. Die Straßen im Muslimischen Viertel sind mit bunten Lichtern geschmückt. Vor
allem zum Abschluss des Ramadans, dem Zu-
ckerfest, feiern die Muslime auf den Straßen
zwischen Felsendom und Damaskustor sowie
in der sich anschließenden Nablus Road mit
Marktständen, Süßigkeiten und Streetfood bis

Alles im katholischen Bereich: Franziskanerbrüder läuten die Glocke zum Gebet

tief in die Nacht. Wann der Ramadan beginnt
und endet, richtet sich nach dem Stand des
Mondes: www.mondsichtung.de.

Armenische Vesper in der
Jakobus-Kathedrale

Die St.-Jakobus-Kathedrale (St. James Cathe-
dral, Armenian Patriarchate Road) im Armenischen Viertel ist für Pilger und Besucher
die meiste Zeit verschlossen. Bei der Vesper
der Armenier (täglich 15 bis ca. 15.40 Uhr) jedoch kann man einen Blick hineinwerfen. Die
jungen Seminaristen singen voller Inbrunst
Lieder, die für westliche Ohren oft fremd und
trotzdem wunderschön klingen. Geheimtipp!

Überirdisches aus jüdischer Perspektive
finden Sie auf Seite 87.

האקליפטוס
The Eucalyptus

ARTISTS COLONY

Moshe Basson kocht in einem der
schönsten Restaurants Jerusalems
auf ganz besondere Weise

RESTAURANT
EUCALYPTUS

Frieden geht durch
den Magen -
wir essen, wie es
in der Bibel steht!

BIBLISCHES ESSEN UND DIE KÖCHE DES FRIEDENS

Lassen Sie uns über Religion reden. Um dieses Thema kommt man in Jerusalem ja sowieso nicht herum. Ob man will oder nicht: Der Glaube spielt eine zentrale Rolle an diesem Ort, der für die drei abrahamitischen Religionen Judentum, Islam und Christentum so wichtig ist. Allen dreien ist Jerusalem eine heilige Stadt.

Aber keine Sorge, in diesem Kapitel soll es nicht um die Tendenz der Religionen gehen, uns durch Fasten und Verzicht auf den Pfad der Tugend zu bringen. Im Gegenteil. Lassen Sie uns über ein lustvolles Thema sprechen: Essen. Über das Glück, das man empfindet, wenn man vor einem dampfenden Teller sitzt, zusammen mit guten Freunden. Ein wunderbarer Moment, in dem es scheint, als seien alle Religionen miteinander versöhnt! Genau darum geht es heute Abend: Um die Versöhnung durch Essen. Versöhnung durch eine Küche, die Religionen miteinander verbindet. Bei den »Chefs for Peace« – den »Köchen für den Frieden«, wo Juden, Muslime und Christen gemeinsam am Herd stehen.

Ich bin verabredet mit einem der Gründungsmitglieder der Friedensköche, Moshe Basson. Der prämierte jüdische Spitzenkoch besitzt nur wenige Schritte von der Jerusalemer Stadtmauer entfernt ein kleines, gemütliches Restaurant, das Eucalyptus. Gleich in zweifacher Hinsicht ist dieses Restaurant etwas Besonderes. Nicht nur weil sein Besitzer – wie gerade erwähnt – sich für religionsübergreifende Völkerverständigung einsetzt, sondern auch, weil er in seinem Restaurant Bible Food zubereitet.

RITTER DER KOCHKUNST

Bible Food? Biblisches Essen? Und wie schmeckt das?

Kommen Sie einfach mit, zu Fuß vom Jaffator (Jaffa Gate) aus in Richtung Teddy-Kollek-Park. Dort gibt es eine kleine, hübsche Künstlersiedlung. Nach wenigen Minuten sehen wir in einer Seitengasse den Eingang des Eucalyptus. Schon die Fassade des Restaurants zeigt: Hier steht ein Mann am Herd, der ganz anders ist als die gehetzten Spitzenköche der heutigen Zeit. Moshe Basson ist ein Mann, der Ruhe braucht. Für ihn ist die Verbindung zu Mutter Natur etwas Essenzielles. An der Hauswand seines Restaurants hängen Dutzende kleine und große Blumentöpfe mit frischem, saftigem Grün. Auf dem Boden neben der Eingangstür: Olivenbäume in den verschiedensten Grüntönen. Und irgendwie bin ich nicht besonders überrascht, als ich sehe, wie lässig Chefkoch Moshe Basson an der Tür steht und mir lächelnd zuwinkt.

Cooler Typ, denke ich, mit seinem langen Haar, das er zum Pferdeschwanz zusammengebunden hat. Moshe ist fast 70, wirkt aber deutlich jünger – der Job hält ihn offenbar fit. Er ist nicht nur einer der bekanntesten Köche des Landes, er genießt auch internationalen Ruhm. Von Giorgio Napolitano, dem damaligen Staatspräsidenten Italiens, wurde er für seine internationalen Verdienste um die Kochkunst zum »Cavaliere della Repubblica« ernannt, quasi zum Ritter der Küche geschlagen. Zweimal hat er außerdem beim internationalen Couscous-Festival in Italien gesiegt. Im Gästebuch seines Restaurants finden sich Namen wie Bill Clinton, Shimon Peres, Benjamin Netanjahu und Umberto Eco. Auch Jack Ma, der reichste Mann Chinas, war schon da.

Aber auf einen ganz speziellen Eintrag in seinem Gästebuch ist Moshe besonders stolz. Vor 25 Jahren schrieb Sherry Ansky, eine der wichtigsten Restaurantkritikerinnen des Landes, einen Satz, dessen Bedeutung man erst richtig erkennt, wenn man weiß, dass in Israel schon seit Jahrzehnten hitzig darüber diskutiert wird, ob es überhaupt eine eigenständige israelische Küche gibt. Sherry Ansky schrieb: »Wenn es eine israelische Cuisine gibt, Moshe Basson, dann hast Du sie begründet.« Kann man ihm ein größeres Kompliment machen? Er hat die Küche eines Landes maßgeblich geprägt, ja, sie sogar erfunden!

INSPIRATION AUS DER NATUR

Wenn man Moshe trifft, ist die Wahrscheinlichkeit groß, dass er nach frischen Kräutern duftet. Denn fast immer hat er Kräuter oder andere Pflanzen in der Hand oder in seiner Brusttasche. »Diese hier habe ich eben noch frisch ge-

Frische Kräuter sind Moshe Bassons Leidenschaft

Spezialität des Hauses: mit Pilzen oder Huhn gefüllte Feigen

pflückt«, sagt Moshe. »Das ist Malve, eine wunderbare Pflanze, die ich unter anderem zum Risotto hinzugebe.«

Vieles, was Moshe in seinem Restaurant verwendet, hat er im eigenen Garten selbst gezogen – Chicorée, Salbei, Veilchen und Verbene – oder in der freien Natur mit eigenen Händen geerntet. Am Wochenende, so erzählt er mir, war er mit seiner Enkeltochter unterwegs, um grüne Mandeln zu suchen. Er sammelt sie in den Wiesen rund um Modi'in, einer rasant wachsenden Trabantenstadt vor den Toren Jerusalems, wo Moshe mit seiner Familie lebt. Modi'in wird gerade aus dem Boden gestampft – vor 15 Jahren lebten dort 35 000 Menschen, heute sind es bereits fast 100 000. Deshalb hat die Stadt zwar vor allem viel Stein und Beton zu bieten, ist aber auch von jeder Menge Grün umgeben. Genau dorthin zieht es Moshe regelmäßig: ins Grüne. Er braucht die Natur, die ihn immer wieder zu seinen außergewöhnlichen Kreationen inspiriert.

MOSHES »SIGNATURE DISHES«

Wir haben uns an einen kleinen Tisch vor seinem Restaurant gesetzt. Moshe will mir direkt zu Beginn eines seiner »Signature Dishes« präsentieren, jene Gerichte, die man in seinem Restaurant auf keinen Fall verpassen darf: Feigen, gefüllt mit zarter Hühnerbrust oder mit würzigen Pilzen. Dazu eine süß-saure Tamarindensoße. Ich probiere den ersten Bissen und bin auf der Stelle ein Fan von Moshes Kochkunst. So viele feine Nuancen. So viele Aromen, die sich nach und nach in Mund und Nase entfalten. Die Süße der Feige, die leichte Säure der Tamarindensoße, dazu die angenehme Schärfe des saftigen Hühnerfleisches. Dieser Mann versteht es, ein Gericht perfekt zu komponieren.

Er ist aber nicht nur ein Künstler am Herd, sondern auch ein passionierter Linguist. »Tamarinde, die Zutat für die Soße, kommt nicht aus Israel«, erklärt er mir, »sondern ursprünglich aus Indien. Wir nennen sie ›Dattel aus Indien‹. *Tamar* für Dattel, *ind* steht für Indien. Und überall auf der Welt benutzen sie jetzt unseren hebräischen Namen. Tamarinde: Dattel aus Indien. Das liebe ich an meinem Beruf«, sagt Moshe, »man lernt so viel über Kräuter und Pflanzen. Viele davon werden ja bereits in der Bibel erwähnt.«

IM GESPRÄCH MIT MOSHE BASSON

Ich bin schon sehr gespannt auf Dein Bible Food. Aber lass uns vorher über die »Chefs for Peace« reden. Wie kann Essen zu Frieden führen?
Das ist eine spannende Frage. Und ein Teil der Antwort liegt auch hier in der Sprache begründet. Du merkst es: Ich bin zwar Koch, aber ich liebe Sprachen. Bei uns im Hebräischen haben die Wörter sogenannte Wurzeln. Das Wort für »Gewalt« – *alimút* – hat den gleichen Wortstamm wie *'ilém*, was »stumm« bedeutet. Und darin steckt eine tiefere Wahrheit. Wenn es in einer Beziehung stumm wird, gibt es Gewalt. Überall. Du kannst in der Geschichte zurückblicken: Immer wenn nicht mehr geredet wurde, bedeutete das Krieg. Beim Essen ist das ganz anders. Wenn Du isst, dann öffnest Du Deinen Mund, Du redest, Du lächelst dabei, Du bist zufrieden. Und so kannst Du auch Frieden stiften.

Juden, Muslime und Christen gemeinsam am Herd, das ist das Motto, unter dem Ihr die »Chefs for Peace« gegründet habt.
Ja, es war damals im November 2001, während der zweiten Intifada, des palästinensischen Aufstandes gegen Israel. Die Zeit der schlimmen Gewalt hier im Land. Damals war ich auf einem Koch-Event in Italien. Dort haben Juden und Palästinenser zusammen gekocht. Wir standen mit scharfen Messern gemeinsam in der Küche, das war für uns vollkommen normal. Doch dann hörten wir diese verheerenden Nachrichten aus unserer Heimat. Von den Schrecken der Intifada. Und wir haben uns gesagt: Okay, lasst uns diese Gruppe gründen. Lasst uns der Welt zeigen, dass die verschiedenen Religionen friedlich zusammenarbeiten können. Am Anfang habe ich meinen Namen aus dem Projekt noch herausgehalten, weil ich möglichst weit weg von Politik und Politikern sein wollte. Aber nach ungefähr einem Jahr war ich auch offiziell dabei.

Die »Chefs for Peace« haben international große Schlagzeilen gemacht. Aber vermutlich war es nicht das erste Mal, dass Menschen verschiedener Religionen hier in Jerusalem zusammengearbeitet haben, oder?

Oh nein. Bei mir im Restaurant standen die verschiedenen Religionen schon immer gemeinsam am Herd. Ich erinnere mich: Damals während der Intifada hörten wir die Bomben explodieren. Und wir haben zusammen geweint. Vielleicht war bei der Attacke ja jemand aus der Familie deiner Freunde ums Leben gekommen. Ganz egal ob Juden, Muslime oder Christen. Wir alle waren betroffen. Und wir waren Freunde.

Die Friedensköche veranstalten in unregelmäßigen Abständen immer wieder große Koch-Events hier in Israel. Warum ist es Dir so wichtig, bei den »Chefs for Peace« dabei zu sein?
Weißt Du, schon mein Vater verstand sich als eine Art Brückenbauer. Wir kamen damals als jüdische Flüchtlinge aus dem Irak nach Beit Safafa. Das ist ein kleines arabisches Dorf, halb in Jordanien, halb in Israel. Wir hatten eine Bäckerei. Und mein Vater benutzte einen seiner Backöfen ausschließlich für die Einwohner des Dorfes. Diese Einwohner waren sowohl Christen als auch Muslime. Mein Vater war Jude, aber das war egal. Er war ein großer Freund der Völkerverständigung. Ein Partner für Menschen, die anders glaubten als wir.

Essen und Frieden, diesen Zusammenhang kennt man in Deiner Familie also schon ziemlich lange.
Ja, aber nicht nur in meiner Familie. Dieser Zusammenhang ist in der gesamten Region tief verwurzelt. Es gibt den arabischen Ausdruck von »Brot und Salz«. Wenn man mit Arabern Geschäfte macht, dann fällt irgendwann der Satz: Wir haben eine Einigung erzielt, wir haben »Brot und Salz«. Das bedeutet: Wir haben eine Allianz geschmiedet. Dieser Zusammenhang zwischen Essen und Bündnis ist schon sehr alt und kommt ursprünglich aus der Kultur der Beduinen. Zum Beispiel: Wenn der Scheich mit einem Gast beim Essen saß und jemand kam dazu und sagte: »Der Gast hat Deinen Bruder getötet« ...

... dann wäre der Gast aus Rache vermutlich sofort auch umgebracht worden.
Exakt. Aber in der arabischen Welt – besonders bei den Beduinen – war das anders. Man hatte mit dem Gast gegessen, also tötete man ihn nicht. Man eskortierte ihn stattdessen an die Grenzen des Stammesgebiets, verteidigte ihn sogar auf dem Weg dorthin gegen alle, die Rache üben wollten. Dann gab man ihm einen Vorsprung, damit er flüchten konnte. Und erst dann versuchte man, ihn zu töten. Er hatte die ganze Zeit unter dem Schutz von »Brot und Salz« gestanden. Das ist noch heute so, hier in Jerusalem. Wenn Könige oder Präsidenten zu offiziellen Besuchen kommen, werden sie mit Brot und Salz begrüßt.

Du interessierst Dich sehr für die geschichtliche Dimension des Essens und bietest in Deinem Restaurant Biblisches Essen an. Was genau ist das? Welche Pflanzen und Kräuter nutzt Du?

Mein Restaurant steht komplett auf dem Fundament des Biblischen Essens. Zum Beispiel mache ich Zatar, eine Gewürzmischung, die als Hauptbestandteil wilden Thymian hat. Man kennt ihn aus der Bibel. Er ist geschmacklich ähnlich wie Majoran. Jamie Oliver, der britische Starkoch, war vor Kurzem in meinem Restaurant, wir haben zusammen für eine TV-Dokumentation gekocht. Und auch er war an uraltem Biblischem Essen interessiert. Bei uns im Restaurant nutzen wir alle sogenannten Sieben Biblischen Arten.

Welche sind das?
In der Bibel werden die Sieben Arten im Buch Deuteronomium (5. Buch Mose) erwähnt. Sieben Pflanzen, die kennzeichnend für das Land Israel sind: Weizen, Gerste, Weinstöcke, Feigenbäume, Granatäpfel, Olivenbäume für Öl – und Datteln für den Honig. All diese Pflanzen nutze ich in meinem Restaurant. Aber ich persönlich zähle auch noch Mandeln dazu, die für diese Region sehr wichtig sind. Und natürlich nutze ich auch Eisenkraut, das man in der Bibel als Ysop kennt.

Ysop kommt in der Kreuzigungsszene vor, oder? Mit dem Ysopzweig reichte man Jesus am Kreuz einen Schwamm mit Essig ...
Genau, wohl keine andere Pflanze wird in der Bibel so oft verwendet wie Ysop. Der Name kommt aus dem Hebräischen: *ésóv* – heiliges Kraut. Als Mose die Israeliten aus Ägypten führte, nahm er einen Ysopzweig, um die Türpfosten mit Blut von

Moshe erklärt mir ein weiteres kulinarisches Highlight: Makluba, ein palästinensisches Reisgericht

Opfertieren zu markieren. Dadurch sollten die Erstgeborenen vor dem Todesengel beschützt werden. Ysop wurde aber auch benutzt, um zu reinigen. Im Psalm 51 steht: »Entsündige mich mit Ysop, dass ich rein werde. Wasche mich, dass ich weißer werde als Schnee.« Du siehst also, Ysop ist echtes Bible Food. Und es hat dazu noch einen ganz tollen, sehr speziellen Geschmack.

Was ist das beliebteste Bible Food auf Deiner Speisekarte?
Geräucherter grüner Weizen; im Arabischen sagt man Frikeh dazu, man kennt es aber auch unter dem Namen Carmel. Und es kommt auch in der Bibel vor: beim Kampf David gegen Goliath. Der Vater von David schickt ihn zu seinen Brüdern – mit geräuchertem grünem Weizen. Aber ich glaube, dass die Ursprünge dieses Gerichts sogar noch viel weiter zurückliegen, und zwar bei den Höhlenmenschen. Sie hatten Weizen, es gab einen Blitz, es roch nach verbranntem, geräuchertem Getreide. Und das war der allererste Anklang unseres heutigen Brotes. Meine Theorie ist, dass sich dieser Geruch tief in unser genetisches Gedächtnis eingegraben hat. In meinem Restaurant bereiten wir den grünen Weizen als Risotto zu. Ich schreibe Dir später noch das Rezept auf.

Das Eucalyptus ist weit über die Grenzen Israels bekannt, die Gäste kommen aus der ganzen Welt. Was ist das Geheimnis Deines Erfolges?
Ja, sie kommen tatsächlich von überallher. Wir haben noch nie Werbung gemacht, es ist verrückt. Jeden Abend, wenn die Situation in der Küche es zulässt, gehe ich durchs Restaurant und spreche mit meinen Gästen. Das ist mir unglaublich wichtig. Warum wir so erfolgreich sind? Nun, was ich mache, ist eine Kombination aus Geschichte, Bibel und Essen. Alles zusammengemixt. Und ich fühle mich gesegnet, dass ich an diesen Ort gestellt wurde, um meine Träume zu verwirklichen. Ich träume meine Träume rückwärts. Und ich träume sie vorwärts. Das ist wohl die Geheimformel: Ich habe einen modernen Zugang gefunden zu uralten biblischen Zutaten.

Dieser Zugang, da bin ich mir sicher, wird auch Sie begeistern. Mein Tipp: Reservieren Sie unbedingt im Voraus und richten Sie Moshe meinen lieben Gruß aus. Er ist ein super Typ, überaus feinsinnig, mit spiritueller Tiefe und einer grundehrlichen Freundlichkeit.

So sitzen Moshe und ich an jenem Abend vor seinem Restaurant, während langsam die Sonne untergeht. Wir trinken Rotwein, dessen Trauben in der Nähe angebaut wurden, und essen köstliches Frikeh-Risotto. Wir reden über Gott und die Welt. Denn wo könnte man das besser als in Jerusalem, an einem lauschigen Abend?

NICHT VERPASSEN

- Makluba-Zeremonie
- Mit Huhn oder Pilzen gefüllte Feigen
- Frikeh-Risotto mit Malve oder wildem Spargel

WAS?
Biblisches Essen genießen im Restaurant Eucalyptus von Starkoch Moshe Basson und dabei über sein religionsverbindendes Projekt »Chefs for Peace« reden, bei dem Juden, Muslime und Christen gemeinsam am Herd stehen. www.chefs4peace.com

WO?
Restaurant Eucalyptus €€
im Künstlerviertel Hutzot Hayotzer.

• Felt Alley (zwischen Hativat Yerushalayim 14 und Dror Eliel St.), wenige Gehminuten vom Jaffator der Jerusalemer Altstadtmauer entfernt. Unbedingt reservieren – auch online möglich.
Tel. +972-2-624 43 31
www.the-eucalyptus.com

WANN?
• So–Do 17–23 Uhr, Fr geschlossen, Sa 20.15–23 Uhr

ZUM NACHKOCHEN

CARMEL-FRIKEH-RISOTTO
ZUTATEN
• 2 Tassen Gemüsebrühe
• 2 EL Olivenöl
• 2 Zwiebeln, fein zerkleinert
• 1/2 Tasse weiße Champignons, gewürfelt
• 1 TL frische Thymianblättchen
• 1/2 TL Pfeffer
• 2 Tassen geräucherter grüner Weizen
• 2 Tassen Mandelmilch
• 1 TL Salz

ZUBEREITUNG
1. Die Brühe in einen Topf geben und bei mittlerer Hitze zum Köcheln bringen.
2. Einen Topf mit schwerem Boden bei mittlerer Hitze erwärmen. Zwei EL Olivenöl hineingeben, sodass der Boden des Topfes damit komplett bedeckt ist. Die Zwiebeln hinzufügen und unter ständigem Rühren mit einem Holzlöffel glasig dünsten. Sie dürfen nicht braun werden.
3. Pilze und Thymian dazugeben, mit Pfeffer würzen und unter ständigem

Rühren kurz anbraten, bis die Flüssigkeit verdampft ist und die Pilze weich sind. Den gekochten grünen Weizen hinzufügen und ca. 5 Minuten lang umrühren. Darauf achten, dass der Weizen komplett mit Olivenöl benetzt ist.
4. Eine Tasse Brühe in den Topf schöpfen und beständig weiterrühren, bis der Weizen die Flüssigkeit aufgesogen hat. Die restliche Brühe in Portionen von halben Tassen zugeben, aber immer erst, wenn die Flüssigkeit komplett vom Weizen aufgenommen wurde.
5. Nach ca. 7 Minuten eine Tasse Mandelmilch dazugießen, das Salz dazugeben und ständig weiterrühren. Den Rest der Mandelmilch zufügen und so lange weiterrühren, bis der grüne Weizen die Flüssigkeit komplett aufgenommen hat. Sofort servieren.

YSOP-PESTO
ZUTATEN
• 1 1/4 Tassen Ysop-Blätter (Eisenkraut, Essigkraut, Bienenkraut), trocken getupft, vom Stängel entfernt
• 1 große Knoblauchzehe, geschält

- 3/4 Tasse geröstete Walnüsse
- 1 Tasse Olivenöl
- 1 TL Salz
- 1/4 Tasse Zitronensaft

ZUBEREITUNG

1. Die Ysop-Blätter zusammen mit dem Knoblauch in die Küchenmaschine geben. Die Walnüsse und das Olivenöl hinzufügen.
2. Die Mischung in der Küchenmaschine so lange pulsierend zerkleinern, bis die Blätter fein, die Nüsse allerdings nicht völlig zermahlen, sondern noch etwas stückig sind.
3. Die Mischung aus der Maschine in eine Schüssel umfüllen und das Salz und den Zitronensaft unterrühren.

TIPPS

FÜR DAS LEIBLICHE WOHL

Neben Moshe Bassons Eucalyptus sind natürlich auch andere Restaurants empfehlenswert.

Machneyuda €€€
Eines der angesagtesten Restaurants in Jerusalem, frühzeitig reservieren.
- Beit Ya'akov Street 10, in der Nähe des Mahane-Yehuda-Marktes › S. 128
www.machneyuda.co.il

Hatzot €€
Der berühmte und schmackhafte »Jerusalem Mix Grill« soll hier erfunden worden sein.
- Agripas 121, ebenfalls direkt am Mahane-Yehuda-Markt | www.hatzot.co.il

Bible Food: Carmel-Frikeh-Risotto

Mona €€
In einem hübschen Künstlerhaus, freundlicher
Service, gutes Essen. Direkt nebenan kann man
interessante Kunstwerke erstehen.
- Shmuel HaNagid 12
  www.monarest.co.il

The View €
Exzellente palästinensische Küche.
- Im Holy Land Hotel, Harun Al-Rashid Street 6
  www.holylandhotel.com

Anna €€
Schöne Atmosphäre und leckeres Essen von
morgens bis abends: Breakfast, Brunch, Dinner.
- Im Ticho House, Harav Hagan Street 10
  www.annarest.co.il

Die Malve ist eine von Moshes Lieblingszutaten

Talbiye €€
Restaurant und Weinbar neben dem Jerusalemer Theater, spezialisiert auf französisch-
israelische Küche.
- Chopin Street 5 | www.talbiye.com

Sea Dolphin €€
Tolles Fischrestaurant, aber auch sehr gute
Fleischgerichte auf der Karte.
- Ben Shetah Street 9 (nahe Jaffa Street)
  www.en.seadolphin.co.il

Adom €€
Cooles Restaurant im Kultur- und Veranstal-
tungszentrum »First Station«. Schöne Atmosphäre, super Essen, gute Weinkarte.
- David Remez Street 4 | www.adom.rest

The Culinary Workshop €€
Chefkoch Lucas Sitrnovitch liebt Fleisch,
und er weiß, wie man es perfekt zubereitet.
- Hebron Road 28
  www.sdnrest.com

FALAFEL, SCHAWARMA, BURGER UND CO.

Gute Falafel-Stände gibt es fast überall in der Altstadt, vor allem im Muslimischen
Viertel, zum Beispiel zwischen Damaskustor und Österreichischem Hospiz oder zwischen Österreichischem Hospiz und Tempelberg, aber auch im Musrara-Viertel gegenüber dem Damaskustor, direkt am arabischen Busbahnhof. Auch am Muristan in der
Nähe der Grabeskirche gibt es viele regionale Spezialitäten auf die Hand. Gutes schnel-
les Essen findet man auch im Jüdischen Viertel rund um den Platz vor der Hurva-Synagoge: Traditionelles, aber auch Burger und Co. Außerdem beliebt: die verschiedenen
Restaurants in der Einkaufspassage »Mamilla Mall«, direkt unterhalb der Altstadtmauer am Jaffator.

Mit sieben vergoldeten Zwiebeltürmen prunkt die russisch-orthodoxe Maria-Magdalena-Kirche am Ölberg

AM SARG VON
ALICE VON BATTENBERG

Wir besuchen die
Grabstätte einer
außergewöhnlichen Frau.

DIE SCHWIEGERMUTTER DER QUEEN

Wie sehr in Jerusalem Leben und Tod zusammengehören, zeigt sich besonders deutlich an der letzten Ruhestätte von Prinzessin Alice von Battenberg. Der Tod ist so nah, so real und greifbar, dass man sogar darauf klopfen kann.

Genauer gesagt, man klopft auf Alice von Battenbergs Sargdeckel. Sie war die Mutter von Prinz Philip, dem Herzog von Edinburgh. Zur Orientierung für alle Nicht-Royalisten: Prinz Philip ist der Ehemann von Königin Elizabeth II. Alice war somit die Schwiegermutter der britischen Queen. Außerdem ist sie die Großmutter von Prinz Charles und die Urgroßmutter von William und Harry.

Allerdings war nicht ich es, der auf ihren Sargdeckel geklopft hat, sondern eine ausgesprochen freundliche Nonne in der russisch-orthodoxen Maria-Magdalena-Kirche am Fuße des Ölbergs. Zusammen mit ihr habe ich auf Alices Sarg alte Fotos angeschaut. Aber von Anfang an.

EINE KIRCHE FÜR ZWEI MÄRTYRERINNEN

Man braucht schon einiges Geschick, um sich Alice von Battenberg und ihrer erstaunlichen Geschichte zu nähern. Zunächst einmal organisatorisches Geschick bei der Planung dieses Ausflugs, denn die Kirche hat denkbar unpraktische Öffnungszeiten für Touristen und Pilger: nur zweimal in der Woche, und außerdem nur für jeweils zwei Stunden, nämlich dienstags und donnerstags von 10 bis 12 Uhr. Nur dann öffnet der Konvent sein schweres schmiedeeisernes Tor für Besucher.

Außerhalb dieses engen Zeitfensters sehen Besucher lediglich die hohen Mauern aus dem hellen – »Meleke« genannten und somit wortwörtlich »königlichen« – Kalkstein, der für das Stadtbild von Jerusalem typisch ist. Von außen kann man die Pracht des russischen Zarenreiches im Inneren der Klosteranlage nur erahnen. Sieben hochglanzvergoldete Zwiebelturmspitzen ragen über die Mauern hinweg in den Himmel und lassen an das eiskalte Sankt Petersburg denken. Hier, an einer steilen, staubigen Straße im oft brütend heißen Jerusalem, wirken sie reichlich exotisch.

1886 hatte Zar Alexander III. den Bau in Auftrag gegeben, zu Ehren seiner Mutter, der Zarin Maria Alexandrowna, und bereits zwei Jahre später war die prächtige Kirche fertig. Sie wurde später zur Grablege für zwei russisch-orthodoxe Heilige, die Märtyrerinnen Elisabeth von Hessen-Darmstadt und die Nonne Barbara Fjodorowna. Beide waren 1918 von den Bolschewiken ermordet worden. Zahlreiche Pilger kommen in die Maria-Magdalena-Kirche, um die sterblichen Überreste der Märtyrerinnen zu ehren, die in Marmorsärgen mit gläsernen Deckeln rechts und links der Ikonostase ruhen. Natürlich abgedeckt mit Tüchern, keine Sorge.

Und was hat diese Geschichte nun mit Alice von Battenberg zu tun? Ganz einfach: Alice wollte in der Nähe ihrer Tante, der heiligen Elisabeth (Glassarg rechts übrigens) ihre letzte Ruhe finden.

ZARENPRACHT IM HEILIGEN LAND

Zehn Glockenschläge über der Stadt. Eine sehr kleine, sehr alte und sehr zierliche Nonne öffnet das Eingangstor und gibt den Blick frei auf einen wunderschönen, gepflegten Garten mit hohen Zypressen. Ein ansteigender Weg führt am Konvent vorbei, in dem zurzeit 42 Nonnen leben, zwischen 33 und 76 Jahre alt. Die derzeitige Äbtissin kommt aus Australien, einige Schwestern stammen aus der Ukraine und Frankreich, die meisten allerdings aus Russland. Der Weg führt weiter den Hügel hinauf, und nach einigen Metern öffnet sich der erste unverstellte Blick auf die Kirche: Zarenpracht im Heiligen Land. Viel Weiß, viel Blau, übertrumpft von alles überstrahlendem Gold. Und innen in der Kirche, rechts und links aufgebahrt, zwei von Lippenabdrücken verschmierte Glassärge, im rechten, wie gesagt, die Überreste der heiligen Elisabeth. Ihr rechter Arm, so heißt es, ruhe allerdings nicht in Jerusalem, sondern in Russland. Und irgendwo hier soll angeblich auch die Grabstätte von Alice von Battenberg sein. Doch es findet sich kein Hinweis darauf, keine Plakette, kein Gedenkstein, absolut nichts. Während ich mich weiter suchend umschaue, denke ich darüber nach, wie Alice gelebt hat. Ich glaube, man kann mit Fug und Recht behaupten: Es war ein verrücktes Leben. Vielleicht ein bisschen zu verrückt. Viele Jahre verbrachte Alice in Nervenheilanstalten.

Glas und Marmor: Ruhestätte der heiligen Elisabeth, Schwester der letzten Zarin

Einzige Zierde: Hoheitszeichen auf Alices Sarg

KEIN LEICHTES LEBEN FÜR EINE PRINZESSIN

1885 kam sie im königlichen Schloss Windsor zur Welt. Für aristokratische Verhältnisse fast schon sparsam, gab man der jungen Prinzessin nur fünf Vornamen, dafür aber sehr schöne, nämlich Victoria Alice Elizabeth Julia Marie. Ihre Mutter war Prinzessin Viktoria von Hessen-Darmstadt (die Schwester der Heiligen im Glassarg rechts), ihr Vater Prinz Ludwig von Battenberg.

An dieser Stelle ein bisschen nützliches Partywissen: Das ursprünglich deutsche Adelsgeschlecht Battenberg wurde während des Ersten Weltkriegs sprachlich anglisiert und heißt seitdem – genau, Mountbatten.

Alice war von Geburt an taub, sie lernte daher das Lippenlesen in mehreren Sprachen: Deutsch, Englisch, Französisch und Griechisch. Mit gerade einmal 18 Jahren heiratete sie Prinz Andreas von Griechenland, mit dem sie fünf Kinder bekam, vier Mädchen und einen Jungen: Prinz Philip.

Nach damaligen Maßstäben standen die Vorzeichen für ein unbeschwertes Leben gut. Alice war reich und adelig, hatte einen Mann und Kinder, lebte in Athen und später auf Korfu. Doch dann brach der Griechisch-Türkische Krieg aus, den die Türken für sich entschieden. Die Familie musste flüchten und verarmte. Alice ging ins Exil nach Paris, wo sie ein Kunstgeschäft eröffnete. Sie trennte sich von ihrem Mann, eine ihrer Töchter und deren Familie kamen bei einem Flugzeugabsturz ums Leben.

Und als wäre das nicht schon dramatisch genug, erhielt Alice im Alter von 45 Jahren die Diagnose Schizophrenie. Es folgten mehrjährige Aufenthalte in Sanatorien und Heilanstalten in Italien und der Schweiz. 1948, nach weiteren harten Kriegsjahren, entsagte Alice all ihren Adelstiteln und entschied sich für das einfache, strenge Leben im Orden »Maria und Martha«, den sie nach dem Vorbild ihrer heiligen Tante Elisabeth gegründet hatte.

82-jährig zog Alice zurück nach England. Dort lebte sie bei ihrem Sohn Philip und ihrer Schwiegertochter, Königin Elizabeth II., im Buckingham-Palast, wo sie zwei Jahre später, 1969, starb.

Zunächst beerdigte man Alice an ihrem Geburtsort, Schloss Windsor. 1988 wurde ihr Leichnam dann jedoch – so hatte sie es gewünscht – nach Jerusalem überführt. Auf den Ölberg in die Maria-Magdalena-Kirche. Und doch findet sich hier nirgendwo ein Hinweis auf ihr Grab.

EIN STÜCK ENGLAND IN JERUSALEM

Ich betrete den Klosterladen unterhalb der großen Freitreppe vor der Kirche und frage eine junge Novizin nach Alice von Battenberg. Sie antwortet mir sehr freundlich auf Russisch – das ich aber nun leider nicht verstehe. Als sie meinen hilflosen Gesichtsausdruck bemerkt, greift sie zum Hörer eines uralten Telefons. Kurz darauf erscheint eine ältere Nonne, die sich in gutem Deutsch an mich wendet und mich aus dem Klosterladen hinaus zu einer hölzernen Flügeltür führt. Sie holt einen Schlüsselbund hervor, will die Tür öffnen, doch der Schlüssel klemmt. Die Schwester schickt ein Stoßgebet zum Himmel, prompt geht mit einem leisen Klack die Tür auf, und wir stehen … vor einem Sarg.

Einfach so. Er ist bedeckt von einem Tuch, auf dem ein Kombinationswappen aus den Hoheitszeichen von Griechenland, England und Hessen-Darmstadt prangt. Wir seien jetzt übrigens nicht mehr in Israel, sondern in England, erklärt mir die Nonne, dieser Raum sei extraterritoriales Gebiet. Auf dem Sarg liest man – für Feministinnen wohl ein Graus: »Her Royal Highness Princess Andrew of Greece«.

»Und ja, schauen Sie nur, junger Mann, so schön ist sie gewesen als junges Mädchen«, sagt die Schwester, während sie alte Fotos aus einer Ecke holt und auf dem schlichten Holzsarg ausbreitet. »Schauen Sie hier, so schön war Alice damals, mit ihren Juwelen im Haar. So schön.« Dabei klopft sie ein paar Mal auf den Sarg.

Ich muss ihr recht geben, Alice von Battenberg war eine sehr schöne Frau. Die Fotos stammen aus guten Tagen, einige dokumentieren ihre prachtvolle Hochzeit in Darmstadt, ein anderes zeigt sie als pummeliges Kleinkind neben ihrer Urgroßmutter, der

Die Schlichtheit des Sargs spiegelt Alices Leben im Orden »Maria und Martha« wider

Alice als Nonne bei der Krönung der Queen, 1953

sagenhaften Königin Victoria. Und dann dieses eine Foto, es wurde während der Krönung ihrer Schwiegertochter, der jungen Queen Elizabeth II., aufgenommen: Eine Prozession führt feierlich durch den Mittelgang von Westminster Abbey. Und da, ganz vorne, erkennt man Alice, in einem schlichten grauen Habit, der ganz und gar fehl am Platz aussieht in all dem royalen Prunk. Alice von Battenberg schreitet als Nonne mit erhobenem Haupt, bleichem Gesicht und eingefallenen Wangen durch das Spalier der funkelnden Gäste.

Während wir uns über die Bilder beugen, die Schwester und ich, über manche Szenen und Anekdoten schmunzeln, während sie mir erzählt von dem spannenden, aber auch traurigen Leben der Alice von Battenberg, ist es plötzlich so gemütlich, alles irgendwie so normal. Als ob man sich zu Hause die Geschichten von damals erzählt und noch einmal die alten Fotos herausholt. Mich beeindruckt, wie selbstverständlich die Schwester mit dem Thema Tod umgeht. Während bei uns viele Menschen – ich würde behaupten, die allermeisten – große Berührungsängste mit dem Tod haben, mit Särgen und sterblichen Überresten, ist für sie der letzte Schritt einfach nur der Übergang in eine andere Form der Existenz – und ein Sargdeckel wird zum Wohnzimmertisch. Wie gesagt, Leben und Tod liegen in Jerusalem sehr eng beieinander.

WAS?

Die Schwiegermutter der britischen Queen besuchen: Alice von Battenberg. Genauer gesagt, ihren Sarg. Und auf diesem Sarg – zusammen mit einer Nonne – alte Fotos anschauen.

WANN?

• Di und Do 10–12 Uhr

WO?

• Russisch-orthodoxe Maria-Magdalena-Kirche am Fuße des Ölbergs.
• Nehmen Sie hinter der Kirche der Nationen am Garten Gethsemane die Straße nach rechts, die auf den Ölberg hinaufführt. Die Kirche befindet sich dann nach wenigen Gehminuten auf der linken Seite.

TIPPS

AUSBLICKE/PANORAMEN

Nach dem Besuch der Maria-Magdalena-Kirche sollten Sie noch etwas höher auf den Ölberg steigen und den Ausblick auf Jerusalem genießen. Darüber hinaus gibt es noch weitere großartige Aussichtspunkte.

Ölberg

Der klassische Blick auf den Tempelberg: Im Vordergrund tausende Gräber auf dem jüdischen Friedhof, im Hintergrund die goldene Kuppel des Felsendoms. Beliebt zum Sonnenuntergang. Must see! > S. 148, 151
• Mount of Olives, direkt unterhalb des Hotels »7 Arches«
 www.7arches.com

Terrasse im Christian Information Centre beim Jaffator

Sowohl die Davidszitadelle als auch die Kuppeln der Grabeskirche sieht man von hier aus besonders gut. Geheimtipp!
• The Armenian Patriarchate Street
 www.cicts.org

Schwester Bernadette Terrasse im Österreichischen Pilger-Hospiz

Einer der besten Ausblicke auf die Altstadt, perfekt für einen ersten Überblick > S. 18.
• Via Dolorosa 37
 www.austrianhospice.com

Dachterrasse des Paulus-Hauses

Von hier hat man einen beeindruckenden Blick auf die prächtige Altstadtmauer. Nicht verpassen: Das kleine, aber sehr interessante Museum mit einem Modell des Zweiten Jüdischen Tempels im Paulus-Haus > S. 22.
• Nablus Road 97, in der Nähe des Damaskustores
 www.heilig-land-reisen.de/paulushaus-haus

Turm der evangelisch-lutherischen Erlöserkirche

Toller Rundumblick aus 43 m Höhe auf die Altstadt. Empfehlenswert ist auch die spannende Ausgrabungsstätte unterhalb der Kirche > S. 22.
• Muristan Road | www.durch-die-zeiten.info

Dach des Abendmahlssaals (Coenaculum) auf dem Zionsberg

Ungewöhnlicher Blick auf die Dormitio-Basilika. Nicht verpassen: Das Davidsgrab im unteren Teil des Coenaculum-Komplexes. Außerdem nicht weit entfernt: Das Grab Oskar Schindlers (»Schindlers Liste«) auf dem katholischen Friedhof des Zionsberges.
• Mount Sion
 www.land-der-bibel.de/jerusalem/berg-zion/berg-zion.htm

Evangelisch-lutherische Himmelfahrtkirche

Die Kirche liegt auf einem der höchsten Punkte Jerusalems. Fantastische Sicht vom Glockenturm. Außerdem sehenswert: die beeindruckenden Mosaike in der Apsis.
• Auguste Victoria-Compound
 www.evangelisch-in-jerusalem.org

Steine statt Blumen: jüdischer Friedhof auf dem Ölberg

Der Zugang zum Tunnelsystem unter der Davidstadt führt über steile Treppen

HISKIJA-TUNNEL

Tief unter der Stadt –
ein sehr besonderer
Ausflug, aber nichts
für schwache Nerven!

EIN GANG DURCH DIE GESCHICHTE

Sich zwischen zwei Dingen entscheiden zu müssen kann oft schmerzhaft sein. Manchmal gibt es nur noch diese letzte Option: rechts oder links. Und hat man sich für eine Richtung entschieden, gibt es kein Zurück mehr.

Das kann, wie gesagt, sehr schmerzhaft sein und Menschen so sehr aus der Fassung bringen, dass ihnen die Tränen kommen. Und so sitzt Jenny aus Detroit, Mitte 60, braune lockige Haare, Baseballmütze, hier auf den in den Fels gehauenen Steinstufen, zehn oder 15 Meter tief unter der Erde in einem Höhlensystem von schmalen Gängen und weint. Hemmungslos.

Reiseleiter Ariel blickt den Rest der amerikanischen Reisegruppe ein wenig überfordert an. Wie soll man denn nun mit der schluchzenden Jenny verfahren? Eigentlich müsse sie sich – bitte! – einfach nur beruhigen! Denn es seien ja nur fünf Minuten durch den Kanaanitischen Kanal, nur noch fünf Minuten, dann sei man auch schon wieder an der frischen Luft.

Allerdings kauert Jenny unter einem Hinweisschild, auf dem steht: Nicht empfohlen für Schwangere (was vermutlich auszuschließen ist), nicht empfohlen für Menschen mit Gesundheitsproblemen (möglich) und nicht empfohlen für Menschen mit Klaustrophobie (mehr als wahrscheinlich, denke ich bei mir). Warum sie sich überhaupt auf das Abenteuer »Durch-dunkle-enge-Tunnel-gehen« eingelassen hat, wird wohl Jennys ewiges Geheimnis bleiben.

Wir befinden uns am Wegpunkt der Entscheidung, an dem es nur noch rechts oder links gibt. Links durch den Kanaanitischen Kanal, 115 Meter lang, fünf Gehminuten wie gesagt, eigentlich geeignet für Menschen jeden Alters und jeder körperlichen Fitness. Oder rechts durch den Hiskija-Tunnel, 533 Meter lang, 40 Minuten Wegstrecke, wie das Hinweisschild informiert. Ein Einbahntunnel, und das heißt: Es gibt kein Zurück mehr, wenn man sich einmal für diesen Weg entschieden hat.

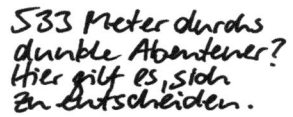

533 Meter durchs dunkle Abenteuer? Hier gilt es, sich zu entscheiden.

Die engste Stelle im Hiskija-Tunnel beträgt 60 Zentimeter, und man geht – was vermutlich der wichtigste Hinweis ist – die ganze Zeit durch kaltes Wasser. Und, ach ja: Unterwegs ist es natürlich auch stockfinster!

Im Sinne der psychischen Gesundheit der armen Jenny schließe ich den nassen, dunklen Hiskija-Tunnel für sie aus. Sie selbst schließt den trockenen Kanaanitischen Kanal für sich aus. Also gibt es nur noch eine letzte Möglichkeit – und daran sieht man, dass es aus fast jedem Drama doch noch einen Ausweg gibt: Einer von der Reisegruppe muss Jenny aufhelfen, ihr die Tränen trocknen und mit ihr den ganzen Weg wieder zurückgehen, all die steilen Stufen wieder hinauf, die wir gut 15 Minuten lang hinuntergegangen waren, hierher, zur Stelle der Entscheidung.

HIER WURDE JERUSALEM GEBOREN

Zugegeben, dieser Ort ist kein exklusiver Geheimtipp, man findet ihn durchaus in etlichen Reiseführern – und trotzdem kenne ich viele Menschen, die schon unzählige Male in

Namensgeber des Tunnels ist Hiskija (engl. Hezekiah), König des Reiches Juda

Jerusalem waren und noch nie etwas von diesem Tunnelabenteuer gehört haben, das in der »City of David« beginnt, der Davidstadt.

Diese Ausgrabungsstätte unweit des Dungtores der Jerusalemer Stadtmauer ist nur wenige Gehminuten von der Klagemauer entfernt. Die Davidstadt liegt also eigentlich ziemlich zentral, und doch stolpert man bei einem Besuch Jerusalems nicht zwangsläufig in sie hinein. Genau das ist der Grund, weshalb ich dieses Kapitel schreibe: um Ihnen den Abstecher in den Untergrund dringend ans Herz zu legen. (Während ich diese Zeilen tippe, spüre ich übrigens immer noch, wie meine Füße pulsieren, denn ich war nicht unbedingt gut vorbereitet auf dieses Abenteuer.) Er bietet eine spannende Zeitreise zurück zu den Ursprüngen der Heiligen Stadt Jerusalem. Die Davidstadt gilt nämlich als Geburtsort Jerusalems.

Hier hat alles begonnen, vor 3000 vielleicht sogar 4000 Jahren: Auf diesem Felsen entstand die erste kleine Siedlung der Jebusiter, denn es gab hier Wasser, die Gihon-Quelle. Vor 3000 Jahren regierten hier die berühmten biblischen Könige David und Salomo, und »hier sprachen die Propheten Jesaja und Jeremia ihre ewigen Worte«, wie im Informationsblatt zu lesen ist, das man für einen Eintrittspreis von 28 Schekel (Kinder die Hälfte) zum Ticket dazubekommt.

Es würde dieses Kapitel sprengen und der aufregenden, wechselhaften und oft unheilvollen Geschichte dieses Ortes nicht einmal im Ansatz gerecht werden, wenn ich versuchte, alle Belagerungen, Plünderungen, Aufstände und Intrigen zu beschreiben, die diesen Ort in den letzten Jahrtausenden ereilt haben. Oder alle Angriffe von Feinden, die komplette Zerstörung der Davidstadt und ihren trotzigen Wiederaufbau. Aber soviel steht fest: Es gibt nur wenige Orte auf der Welt, die eine so lange und bedeutungsvolle Geschichte aufweisen können wie die »City of David«.

Und doch geriet dieser Ort mit der Zeit in Vergessenheit, bis gegen Ende des 19. Jahrhunderts die Archäologen aus aller Welt nach Jerusalem kamen und unter Schutt und Staub die alte Geschichte wieder ans Licht brachten. Obwohl im Lauf der vielen Jahrhunderte fast kein Stein mehr auf dem anderen geblieben war, konnte sich ein historisches Bauwerk unverändert erhalten: das Tunnelsystem unterhalb der Davidstadt. Und genau durch einen dieser uralten Tunnel, tief unter der Erde, will ich heute gehen.

NACH RECHTS IN DEN STOCKFINSTEREN TUNNEL

Nachdem Jenny sich langsam beruhigt hat und erleichtert den Rückweg antritt, sehe ich – vor der entscheidenden Abzweigung – einen jungen Mann auf den Steinstufen sitzen: Abraham, 20, aus Eritrea, der jetzt schon seit acht Jahren in Tel Aviv lebt und dort als Maurer arbeitet, hat heute einen Ausflug nach Jerusalem gemacht. Irgendwas habe ihn hierher gezogen, erzählt er mir, in die Tiefe.

Jerusalems Keimzelle: Blick auf die Ausgrabungen der Davidstadt

Und doch ist er unschlüssig, ob er nach rechts oder links abbiegen soll. Rechts in den nassen, dunklen Hiskija-Tunnel oder links in den trockenen, hellen »Seniorentunnel«. Wir entscheiden uns gemeinsam für das Abenteuer! Mein Handy ist Gott sei Dank vollständig aufgeladen, denn wie gesagt: Es gibt im Tunnel kein Licht, nicht einmal eine Notbeleuchtung. Nur die kleine Lampe meines Smartphones wird uns einigermaßen den Weg weisen.

Der Weg im Tunnel könne uneben und rutschig sein, steht auf der Website der »City of David«, man solle sich am besten Sandalen mitbringen, aber weder Abraham noch ich haben welche dabei. Und weil barfuß zu gehen zwar nicht empfohlen, aber auch nicht explizit verboten ist, ziehen wir unsere Schuhe und Socken aus, krempeln unsere Hosen so hoch wie eben möglich und biegen rechts ab in die Dunkelheit.

> Das Wasser der uralten Gihon-Quelle ist konstant 17 Grad kühl.

Der Einstieg in den Hiskija-Tunnel ist mit nackten Füßen zugegebenermaßen ein wenig schmerzhaft, denn die ersten Meter muss man über ein Metallgitter zurücklegen, das sich mit kleinen Zacken tief in die Fußsohlen bohrt. Aber dann kann das Abenteuer beginnen: Aus dem Untergrund gurgelt plötzlich ein Bach hervor. Gihon, dieses sprudelnde Wasser, ist der Grund, warum Jerusalem entstanden ist; diese Quelle hat die Jebusiter veranlasst, sich an diesem Ort niederzulassen. Hier, tief unter der Erde, in der absoluten Dunkelheit, fließt der Fluss immer noch – bis heute.

Ich steige vom Metallgitter hinab in die Steinröhre, ins knöcheltiefe Wasser, das angenehm kühl ist. »Egal, ob es bei uns brütend heißer Sommer ist«, hatte mir die junge Frau beim Ticketverkauf gesagt, »oder kalter Winter, die Temperatur des Wassers bleibt immer bei konstanten 17 Grad Celsius.«

Ein löbliches Beispiel für Kontinuität, denke ich so bei mir, beständig und berechenbar seit Jahrtausenden, während mein nächster Schritt mich eines Besseren belehrt. Denn plötzlich geht's bergab. Quasi ohne Vorwarnung wird aus dem knöcheltiefen Wasser ein Fluss, der mir fast bis zum Schritt reicht. Meine Hose und auch die Boxershorts darunter werden spontan auf 17 Grad heruntergekühlt.

Ich höre, wie Abraham – der ein gutes Stück kleiner ist als ich – kurz nach Luft schnappt. Als ich mich zu ihm umdrehe und mit meinem Handy in seine Richtung leuchte, sehe ich in der Dunkelheit nur sein verschmitztes Lächeln und das Weiß seiner großen Augen. Und da stehen wir, zwei Fremde in einem uralten Schacht. Beide nass bis auf die Unterhosen, der eine mehr, der andere weniger. Wir schauen uns an ... und müssen grinsen.

An dieser Stelle ein kleiner Spoiler für alle, die darauf hoffen, dass man irgendwann wie Indiana Jones heldenhaft durchs Wasser kraulen kann – und zur Beruhigung für alle, die genau so etwas befürchten: Hier am Anfang des Tunnels hat man bereits die maximale Wassertiefe erreicht. Ab sofort reicht das Nass nur noch bis zur Wade oder – je nach Körpergröße – bis zum Knie. Aber was ist das eigentlich für ein seltsamer Tunnel? Warum hat man ihn überhaupt gebaut? Und vor allem: wie?

EINE GESCHICHTE AUS BIBLISCHER ZEIT

Soviel vorweg: Es ist kompliziert! Deshalb gebe ich von der wissenschaftlichen Diskussion hier nur eine Kurzfassung wieder, die keinen Anspruch auf Vollständigkeit hat. Selbst Experten, die sich mit dem Tunnelsystem unterhalb der Davidstadt intensiv beschäftigen, haben unterschiedliche, sich mitunter widersprechende Meinungen. Alte Erkenntnisse werden immer wieder durch moderne Messungen widerlegt, aktualisiert oder uminterpretiert – ein Prozess, der noch längst nicht abgeschlossen ist.

Warum also hat man den Tunnel gebaut? Kurz gesagt: aus Angst. Angst vor den Assyrern, die es auf das frühe Jerusalem abgesehen hatten. König Hiskija, der Namensgeber des Tunnels, ließ ihn bauen, um die lebenswichtige Gihon-Quelle – Jerusalems einzige ganzjährige Frischwasserquelle – vor Angreifern zu schützen und die Trinkwasserversorgung der Bevölkerung sicherzustellen.

Dass die Stadt im Jahr 701 vor Christus vom assyrischen Heer belagert wurde, ist historisch verbürgt. Der Tunnel war aber offenbar noch rechtzeitig fertiggestellt worden, die Wasserversorgung der Stadt somit gesichert. Selbst in der Bibel wird König Hiskija für diese strategisch weitsichtige Tat gefeiert. Das Alte Testament beschreibt den König und »alle seine Erfolge, wie er den Teich und die Wasserleitung angelegt und das Wasser in die Stadt geleitet hat«.

Ich muss es noch einmal betonen: Das Ganze fand im Jahr 701 vor Christus statt – der Tunnel ist damit rund 2700 Jahre alt. Und ich bitte Sie, diese Zahl einmal laut und langsam auszusprechen: zwei-tausend-sieben-hundert Jahre! Zum Vergleich: Christoph Kolumbus, der gemeinhin als Entdecker Amerikas gilt, ging auf Reisen, als es den Hiskija-Tunnel bereits seit rund 2200 Jahren gab.

BAULICHE MEISTERLEISTUNG

Die Frage nach dem »Warum« scheint also weitgehend geklärt: die Wasserversorgung sicherstellen und gegen Angriffe des Feindes verteidigen. Stellt sich noch die Frage nach dem »Wie«. Und die ist fast noch spannender, denn es gibt ein historisches Beweisstück, das – für mich persönlich – einer echten Sensation gleichkommt.

Im Jahr 1880 fand man im Tunnel eine Steintafel, auf der zu lesen ist, dass sich die Arbeiter unter Tage begegnet seien: »Mann gegen Mann, Hacke gegen Hacke«, bis der Durchbruch geschafft war und das Wasser von der Quelle bis zum Teich floss.

Was bedeutet das? Ganz einfach, man hatte den Tunnel nicht nur simpel von A nach B vorangetrieben. Stattdessen entschied man sich, an den beiden 533 Meter voneinander entfernten Enden anzufangen, um sich – hoffentlich – irgendwo in der Mitte zu treffen.

Und ja, es hat tatsächlich geklappt, tief unter der Erde, vor 2700 Jahren. Was für eine unglaubliche Meisterleistung! Hohe Ingenieurskunst also, oder war es doch eher Zufall oder Intuition, wie viele Forscher behaupten? Dazu später mehr, denn Abraham und ich werden gleich noch eine unerwartete Begegnung machen.

Wir haben den Eingang schon seit einiger Zeit hinter uns gelassen und waten nun schweigend durch den

Wirklich nichts für Klaustrophobiker ...

Tunnel, unsere Schritte haben sich im Tempo angeglichen, das Wasser an unseren Füßen macht rhythmische Geräusche, und genau so, im langsamen Gleichschritt, gehen wir noch einige Minuten weiter. Immer geradeaus, bis der Tunnel auf einmal unversehens scharf nach links abknickt, um danach eine leichte Kurve nach rechts zu beschreiben. Nach einigen Minuten geht es wiederum – kaum wahrnehmbar – leicht nach links, dann leicht nach rechts, bis der Weg wieder schnurgerade wird.

Zwischendurch schalte ich das Licht an meinem Handy aus. Abraham und ich bleiben stehen und horchen in die Stille. Wir sind an einem Ort der völligen Leere, des Nichts. Ein Ort, der frei ist von jeglichen optischen und akustischen Reizen: Nicht einmal das fließende Wasser unter uns macht irgendein Geräusch. Es ist diese elementare Stille, bei der man das Rauschen des eigenen Blutes laut hören kann. Und vor unseren Augen ein Schwarz, das man sich schwärzer nicht vorstellen könnte. Wir sind irgendwo mitten in einem Tunnel, der gerade mal so breit wie unsere Schultern ist, tief unter der Erde von Jerusalem. Kein

Notausgang, kein Alarmknopf, keine Videoüberwachung und natürlich auch kein Handynetz, über das man im Notfall Hilfe rufen könnte.

Wie der Hiskija-Tunnel gebaut wurde, ist trotz vieler Forschungen nicht endgültig geklärt.

Kurz muss ich an Jenny denken und an die amerikanische Zwangsneurose, alle touristischen Attraktionen in den USA hundertfach gegen jede noch so absurd unwahrscheinliche Gefahrenlage abzusichern. Spätestens jetzt also hätte Jenny – nicht aus Furcht vor geschlossenen Räumen, sondern aus Prinzip – einen Herzinfarkt bekommen. Aber genau diese Ursprünglichkeit liebe ich an diesem Ort. Dass er vollkommen unverfälscht geblieben ist, seine echte, unveränderte Form durch die Jahrtausende bewahrt hat.

Was für ein faszinierender Gedanke, dass genau auf diesen Steinen unter meinen Füßen schon vor 2700 Jahren die Tunnelarbeiter entlanggegangen sind! Jene Männer, die mit unvorstellbarem körperlichem Einsatz Zentimeter für Zentimeter dem Felsen seine jetzige Form abgetrotzt haben.

Was sie wohl empfunden haben bei der entscheidenden und immer drängender werdenden Aufgabe, die Lebensader ihrer Stadt gegen den heranziehenden Feind zu schützen? Während ich diesen Gedanken noch nachhänge, hören wir plötzlich ein gedämpftes Geräusch.

ARCHÄOLOGEN AUS SCHWABEN

»What's that?«, fragt Abraham. Es sind Stimmen, zwar noch leise in der Ferne, aber je weiter wir gehen, desto lauter und verständlicher werden sie. Irgendwann bin ich mir sicher: Vor uns im Tunnel wird Deutsch gesprochen – im schwäbischen Dialekt.

Ein schwaches Licht taucht auf, das immer heller wird, und kurze Zeit später stehen Abraham und ich vor einer Expeditionsgruppe aus Deutschland. Ausgerüstet mit Stirnlampen, Profikamera und Messinstrumenten sind vor uns drei Männer, die ein bisschen verlegen, aber sehr freundlich um Entschuldigung bitten, dass sie uns jetzt eine Zeitlang den Weg versperren müssten. Denn: »Überhole könnet ihr net, des isch z'eng«, höre ich einen von ihnen sagen.

Eine unerwartete Zwangspause also, die ich aber gerne nutze, um mehr über diese deutschen Forscher und ihr Projekt zu erfahren. Der Mann direkt vor mir ist Timo Roller, Organisator der Expedition und mit der Kamera in der Hand für die Dokumentation zuständig. Vor ihm als Vermesser Albert Röhm – und als erster Mann in der Reihe der 80-jährige Ulrich Romberg, der eigentliche Experte für die unterirdischen Anlagen der Davidstadt.

Romberg forscht bereits seit mehreren Jahrzehnten am Hiskija-Tunnel. Schon in den 1970er-Jahren war der Diakon und Religionslehrer im Rahmen einer Gruppenreise in Jerusalem gewesen. Damals war der Tunnel noch nicht für die Öffentlichkeit zugänglich, aber Romberg war trotzdem wie gefesselt. Und diese »Faszination Hiskija-Tunnel« ließ ihn einfach nicht mehr los. Immer wieder kämpfte er sich durch die verschiedensten Archive, las stapelweise Expeditionsberichte von den Tunnelpionieren Warren, Parker, Schick und Robinson, übersetzte wissenschaftliche Texte aus den Originalsprachen, um alles richtig zu verstehen.

Warum nimmt der Hiskija-Tunnel zwischendurch so einen seltsamen, geschwungenen Verlauf, möchte ich von Ulrich Romberg wissen. Nun ja, eine Theorie sei, so sagt er, dass man unterirdischen Königsgräbern ausweichen wollte, die als heilig galten. Oder man habe den zweiten Tunnel – den Kanaanitischen Kanal – ansteuern wollen, der streckenweise parallel zum Hiskija-Tunnel verläuft.

Rombergs eigene Theorie hingegen lautet, dass es sich um eine Art Notfallplan handelte. Für den Fall, dass der Feind bereits früher als erwartet angerückt wäre, hätten die Erbauer unterirdisch ganz bestimmte Orte angepeilt. Diese Orte wären dann durch Schächte von der Oberfläche besonders gut erreichbar gewesen.

Wie gesagt, viele Forscher, viele Theorien. Aber was ist mit dieser einen Frage: War es wirklich vor allem Intuition, dass sich die Bautrupps unter Tage »Hacke gegen Hacke« begegneten? Einige Forscher behaupten das, doch Romberg ist sich sicher: Dieser Tunnel ist Ausdruck von präziser Ingenieurskunst, das faszinierendste unterirdische Bauwerk der Antike. Hier und heute will er seine These mit eigenen Messdaten untermauern. Ein enorm wichtiger Tag

Der schwäbische Tunnelforscher Romberg und sein Team bei der Arbeit

also für sein archäologisches Erbe. Unser Expeditionstross setzt sich wieder in Bewegung, die Männer machen Fotos, vermessen mit modernen Instrumenten immer wieder Höhe, Breite und Ausrichtung des Tunnels.

Nach ein paar Minuten sehen wir auf der linken Seite der Tunnelwand die legendäre Steintafel – genauer, eine Replik jener Tafel; das Original befindet sich im Antikenmuseum in Istanbul. In althebräischer Schrift steht hier, wie das Ganze damals abgelaufen ist, wie er war, der alles entscheidende

Am Ausgang des Tunnels liegt der Siloah-Teich, dessen Wasser Heilkräfte besitzen soll

Moment: zwei Männer. Einer hier, auf dieser Seite des Tunnels und nur noch getrennt durch ein letztes Stück Felsen vom Mann auf der anderen Seite. Beide können die Stimme des anderen bereits hören. Und dann – »Mann gegen Mann, Hacke gegen Hacke« – endlich der Durchbruch! Mission geglückt, was für ein Triumph!

Wie haben die Männer das bloß geschafft, fragen Sie sich? Einige Forscher vermuten, dass sich die Arbeiter durch Klopfsignale von oben orientiert haben könnten. Ulrich Romberg dagegen meint, dass es nicht Klopfzeichen waren, nicht das Ergebnis von Versuch und Irrtum, sondern das Resultat sehr präziser Vermessung und Planung – schon vor 2700 Jahren. Vielleicht setzt sich ja irgendwann seine Theorie durch.

WIEDER IM FREIEN

Unser unterirdisches Abenteuer ist für heute allerdings fast vorbei, das sprichwörtliche Licht am Ende des Tunnels, dort hinten scheint es uns vorsichtig entgegen. Je weiter wir vorankommen, umso intensiver wird es. Vor dem gleißend hellen Tunnelausgang wird das Wasser noch einmal kurzfristig tiefer, bevor wir über ein Metallgitter hinaus ins Freie klettern.

Er habe noch sehr viel zu tun, sagt Ulrich Romberg, denn einige der neuen Messdaten würden ihn ein bisschen verwirren und überraschen, aber im Großen und Ganzen sei er hochzufrieden mit der heutigen Expedition. Wann er seine Erkenntnisse publizieren werde, frage ich ihn. Der 80-Jährige strahlt mich an. Ich werde mich beeilen, sagt er, während in seinen wachen Augen der immer noch jugendliche Forschergeist aufblitzt.

Abraham hat sich inzwischen bis auf die Unterhose ausgezogen, um im Siloah-Teich, der jetzt vor uns liegt, ein erfrischendes Bad zu nehmen. Mit ihm planscht eine 15-köpfige israelische Schulklasse darin herum.

Jesus soll hier einen blinden Mann geheilt haben, so steht es im Johannes-Evangelium. Ein sehr spezieller Ort also. Und auch nach all den Jahrhunderten hat dieses Wasser offensichtlich nichts von seinem besonderen Reiz verloren. Drei glückliche Forscher, ein patschnasser Abraham und ich verabschieden uns voneinander.

Ich freue mich, vor gut einer Stunde die absolut richtige Entscheidung getroffen zu haben, dort, an jener Gabelung, die bei Jenny aus Detroit zu einem Weinkrampf geführt hat. Meine Empfehlung: Falls Sie klaustrophobisch veranlagt sind, meiden Sie diesen Nervenkitzel! Ansonsten aber möchte ich Ihnen die nasse Route durch den Hiskija-Tunnel unbedingt ans Herz legen, am besten auch mit nackten Füßen – das Abenteuer fühlt sich definitiv ursprünglicher und unmittelbarer an, und Sie werden noch sehr lange gut durchblutete Fußsohlen haben.

Sollte ich Sie mit meiner Beschreibung dennoch verschreckt haben: Auch der kürzere Kanaanitische Kanal ist lohnend, trocken und gut beleuchtet.

WAS?

Unterirdisches Höhlensystem am Geburtsort von Jerusalem. Der Hiskija-Tunnel ist ein 533 Meter langer, stockfinsterer Tunnel, in dem kaltes Wasser fließt. Perfekt für Abenteurer, ungeeignet für Menschen mit Klaustrophobie.

WO?

• »City of David«, in der Nähe des Dungtores (Dung Gate), wenige Gehminuten von der Klagemauer (Western Wall/ Wailing Wall/Kotel) entfernt. Ma'alot Ir David Street. www.cityofdavid.org.il

WANN?

• Öffnungszeiten im Winter:
So–Do 8–17 Uhr, Tickets für die Tunnel bis 15 Uhr
Fr 8–14 Uhr, Tickets für die Tunnel bis 12 Uhr

• Öffnungszeiten im Sommer:
So–Do 8–19 Uhr, Tickets für die Tunnel bis 17 Uhr
Fr 8–16 Uhr, Tickets für die Tunnel bis 14 Uhr
• Geänderte Öffnungszeiten an jüdischen Feiertagen

KOSTEN

• Erwachsene: 28 Schekel
• Kinder: 14 Schekel

WAS IST ZU BEACHTEN?

• Taschenlampe mitbringen, oder ein gut geladenes Handy mit eingebautem Licht.
• Der Veranstalter empfiehlt, den Tunnel mit Sandalen zu betreten, es geht allerdings auch ohne. Nasse Füße bekommt man in jedem Fall.

TIPPS

UNTERIRDISCHES – AUSFLÜGE IN DEN UNTERGRUND

Salomos Steinbrüche/Zedekia-Höhle

Für alle, die zwar gerne mal einen Ausflug in den Untergrund machen würden, aber enge Gänge nicht mögen, empfehle ich Salomos Steinbrüche, auch bekannt als Zedekia-Höhle (Solomon's Quarries/Zedekiah's Cave), nur wenige Schritte vom Damaskustor entfernt.

Dies ist die größte von Menschen geschaffene Höhle Israels. In diesem unterirdischen Steinbruch wurde der helle »Meleke«-Kalkstein gewonnen, der den Jerusalemer Bauwerken ihr typisches Aussehen verleiht. Unter der Erde öffnet sich ein geradezu gigantisches Höhlensystem, das einfach sprachlos macht.

Wo?

• Sultan Suleiman Boulevard, ganz in der Nähe des Damaskustores, dem Eingangstor zum Muslimischen Viertel der Altstadt. Wenn Sie außerhalb der Stadtmauer stehen und auf das Damaskustor blicken: Gehen Sie nach links, nach zwei Minuten sind Sie am Ziel.

Wann?

• So–Do 9–17 Uhr, Fr geschlossen

Kosten

• Erwachsene 16 Schekel, Kinder 10 Schekel

Koptische Königin-Helena-Kirche

Auch spannend und vor allem für Menschen interessant, die gerne singen: In der Nähe der 9. Kreuzwegstation beim äthiopischen Kloster finden Sie die koptische Königin-Helena-Kirche (Queen Helen Coptic Orthodox Church). Treten Sie ein, legen Sie ein paar Schekel als

Spende auf den Teller des ägyptischen Mönches und fragen Sie nach dem Eingang zur Zisterne. Man wird Sie durchwinken in den hinteren Teil der kleinen Kirche, dort führt der Weg rechts durch einen ziemlich engen Eingang zu einer recht steilen Treppe.

Gehen Sie hinunter – Vorsicht, Rutschgefahr –, und bald öffnet sich auf der linken Seite eine riesige unterirdische Zisterne mit einem kleinen See. Singen Sie Ihr Lieblingslied, die sensationelle Akustik des uralten Wasserspeichers wird Sie verblüffen.

Wo?
- Coptic Orthodox Patriarchate, in der Nähe der 9. Kreuzwegstation, direkt gegenüber dem Eingang zum äthiopischen Kloster (Deir es-Sultan) auf dem Dach der Grabeskirche

Kosten
- Spende an den ägyptischen Mönch in der Kirche

Klagemauer-Tunnel

Falls Sie noch mehr Interesse an Unterirdischem haben, empfehle ich Ihnen dringend einen Spaziergang entlang der Klagemauer, und zwar tief unter der Erde Jerusalems.

Die uns bekannte oberirdische Klagemauer – also die westliche Mauer des Tempelbergs – ist nämlich nur ein kleiner Teil der gesamten Tempelwand, sozusagen die Spitze des Eisbergs. Die eigentliche Ausdehnung und Bedeutung der Mauer wird einem erst unterirdisch klar.

Buchen Sie eine geführte 75-minütige Tour, die **Western Wall Tunnel Experience** (english. thekotel.org). Der Spaziergang durch die Tunnel führt Sie über ca. 500 Meter vorbei an Synagogen, uralten Zisternen und Aquädukten sowie am 14 Meter langen und 570 Tonnen schweren »Klagestein« entlang. Eine faszinierende Reise durch die Geschichte des jüdischen Tempels.

Koptische Geistliche der Königin-Helena-Kirche auf dem Kreuzweg durch den Souk

Wo?
- Beginn der Tour ist am Platz vor der Klagemauer im Jüdischen Viertel der Altstadt. Wenn Sie auf die Klagemauer blicken, befindet sich der Eingang zu Ihrer linken Seite. Endpunkt der Tour ist an der Via Dolorosa.

Wann?
- So–Do 7.20 Uhr bis spät abends, Fr 7.10–12 Uhr, Sa je nach Reservierungslage

Kosten
- Erwachsene 35 Schekel, Kinder 19 Schekel

Was ist zu beachten?
- Die Tour unbedingt einige Tage im Voraus buchen, vor allem in der Hochsaison.

Bereit für das Shabbat-Dinner:
Rabbi Josh Weisberg mit zwei seiner
acht Kinder

SHABBAT-DINNER

Shabbat of a Lifetime –
zu Tisch bei einer
jüdischen Familie
mit Menschen aus
aller Welt

IM HAUS EINES ORTHODOXEN RABBIS

Heute am Shabbat ist alles anders in Jerusalem. Von außen betrachtet, fällt die Stadt in einen tiefen Schlaf, taucht ab, igelt sich ein. Vom Sonnenuntergang am Freitagabend – wenn die ersten drei Sterne am Himmel zu sehen sind – bis zum Sonnenuntergang am Samstagabend ist die Stadt eine völlig andere.

Geschäfte sind geschlossen, Restaurants haben die Stühle hochgestellt, die meisten Busse fahren nicht. Denn der Samstag ist der Ruhetag im Judentum. Was den Christen der geheiligte Sonntag, das ist für die Juden der Sabbat. Oder Shabbat, wie er hier vor Ort genannt wird, mit Betonung auf der zweiten Silbe: Scha-BATT. Dieses Wort hört man sehr häufig, meist in Verbindung mit Shalom, Friede. Shabbat Shalom: Der Friede des heiligen Ruhetages sei mit Dir.

Das Shabbat-Dinner ist ein ganz besonderes Erlebnis für mich, das ich aber erst am nächsten Tag aufschreiben kann.

Dieser Ruhetag ist für die Juden so unglaublich ruhig, dass fast alles, was den gewohnten Alltag ausmacht, untersagt ist. Arbeiten: streng verboten, Kaffeemaschine anstellen: ein No-Go, Lichtschalter betätigen: undenkbar, Bilder machen … Sie ahnen es bereits: auch streng verboten. Deshalb wird es auch keine Fotos von unserer heutigen Begegnung in der Heiligen Stadt geben. Und trotzdem werden Sie einen ganz besonderen Abend miterleben. Ein Abendessen, das ich – soviel steht fest – niemals vergessen werde. Und das Beste daran: Sie selbst können auch einmal daran teilnehmen, an einem traditionellen Shabbat-Dinner in einer jüdischen Familie, zum Beispiel mit Rabbi Josh Weisberg, seiner Frau Jenny und ihren acht Kindern.

Zunächst ein paar Vorbemerkungen zu diesem Kapitel: Wenn am Shabbat Autos und Handys verboten sind, genauso wie Computer und Fotoapparate, dann gilt das natürlich auch für Diktiergeräte. Moderne Technik aktiv zu verwenden ist tabu. Aber selbst sich mit dem Bleistift Notizen zu machen ist untersagt. Deshalb treffe ich meinen Gastgeber Josh tags darauf wieder, am Samstagabend – wenn der Shabbat zu Ende ist – in einem Café in der Jerusalemer Neustadt, um noch einmal in Ruhe zu sprechen.

Dieses Kapitel ist also eine Zusammenschau von zwei Abenden, die beide ihren ganz eigenen Reiz haben. Der Abend des Shabbat-Dinners wird Ihnen zeigen, wie eine uralte jüdische Tradition überlebt hat, ohne sich maßgeblich zu ändern. Mit Ritualen, Gesängen und Gebeten, die den gleichen Wortlaut seit Jahrtausenden beibehalten haben – und die an jedem Freitagabend an jüdischen Shabbat-Tischen auf der ganzen Welt gesungen und gebetet werden.

Am Abend darauf lernen Sie Josh Weisberg, meinen Gastgeber, noch ein bisschen besser kennen. Einen Rabbi, der gar nicht so aussieht, wie man sich einen Rabbi vorstellt. Er wird mir spannende Dinge über den jüdischen Glauben erzählen, mir die Rituale erklären und mich verstehen lassen, wie die Ruhe des Shabbats sein Leben bereichert. Und das, obwohl Josh eine extrem unerwartete Lebensgeschichte hat: Er kam nämlich nicht als Jude zur Welt, sondern als Sohn einer deutschen Katholikin. Doch dazu später mehr.

LIEBER ZU FRÜH AM TREFFPUNKT SEIN!

Es ist Freitagabend, und ich stehe an der Kiryat-Moshe-Straße, Ecke Herzl-Straße, in der Jerusalemer Neustadt. Vereinbart war 19 Uhr, doch ich bin sehr viel früher da, denn so viel habe ich über den Shabbat bereits gelernt: Wenn die Sonne am Freitagabend untergegangen ist, dann ist alles zu spät. Dann kann man niemanden mehr per Handy erreichen, nicht kurz eine WhatsApp schreiben, wo genau nochmal der Treffpunkt war. Nein, alles muss vorher haargenau geklärt und abgesprochen sein. Der Shabbat ist den Juden heilig.

Und ein Höhepunkt dieses geheiligten Ruhetages ist das Shabbat-Abendessen, bei dem sich die gesamte Familie am Tisch versammelt, oft zusammen mit Freunden, meist Juden. Doch es gibt eine Möglichkeit, auch als nichtjüdischer Gast an einem Shabbat-Dinner teilzunehmen. Sie lautet: *Shabbat of a lifetime.*

The day after Shabbat: gute Stimmung beim Gespräch über Gott und die Welt

Eine Organisation, die interessierte Menschen in Jerusalem einlädt, zusammen mit einer einheimischen Familie einen traditionellen Abend zu verbringen, um die Rituale und Gebete kennenzulernen. Was für eine unglaublich spannende Möglichkeit, dachte ich mir, als ich zum ersten Mal davon hörte, ohne eine leise Ahnung davon zu haben, was mich an diesem Abend erwarten würde.

Kurz vor 19 Uhr kommt ein lässiger Typ mittleren Alters die Straße runter, rechts und links jeweils ein kleines Kind an der Hand.

IM GESPRÄCH MIT RABBI JOSH WEISBERG

»Hey, Du musst Stefan sein«, begrüßt mich der Mann in gutem Deutsch. »Ich bin Josh und das sind Yaakov und Yonatan. Lass uns noch kurz auf die Gruppe warten, es kommen noch 20 Studenten aus Amerika. Wir haben gerne viele Menschen zu Gast.«

Nicht schlecht, das wird ein volles Haus. Wie kommt es dazu, dass Ihr so viele Leute als Shabbat-Gäste habt? Wie lange macht Ihr das schon?
Meine Frau und ich haben uns bei einem Shabbat-Dinner hier in Jerusalem kennengelernt. Und als wir dann heirateten, haben wir uns gesagt: Wir machen das auch. Wir laden fremde Menschen ein und bringen sie zusammen. Am Anfang waren es noch kleine Gruppen, dann immer größere. So ungefähr 30 Leute an jedem Freitagabend. Nach dem Gebet in der Synagoge habe ich zu den Leuten einfach gesagt: Hey, wer noch keinen Platz gefunden hat für heute Abend, ist herzlich eingeladen. Wir haben immer viel gesungen. Das war eine tolle Energie am Tisch.

Das klingt nach viel Spaß, aber auch nach viel Arbeit.
Ja, wir haben immer für die 30 Leute gekocht. Später hatten wir dann auch Studenten und Reisende zu Gast. Wer auch immer in unser Haus kommen wollte, war eingeladen. Auf unserem Anrufbeantworter hatten wir einen Ansagetext: Wenn Du anrufst, um einen Platz für das Shabbat-Dinner zu reservieren, hinterlasse einfach Deinen Namen und mit wie vielen Leuten Ihr kommen wollt. Wir wussten nicht, wer sie waren. Und wenn wir die Zahl 30 erreicht hatten, dann haben wir die Nachricht auf dem Anrufbeantworter einfach geändert: Vielen Dank für Deinen Anruf. Aber wir sind heute Abend leider schon voll. Das haben wir jahrelang so gehalten, das hat Spaß gemacht. Man lernt so viele verschiedene Leute kennen.

Ich habe meinen Platz für Euer Shabbat-Dinner über die Organisation *Shabbat of a lifetime* bekommen.
Ja, die wurde von einer meiner Studentinnen und ihrem Ehemann ins Leben gerufen. Sie sind damals nach Indien gegangen, um für eine jüdische Organisation zu arbeiten. Und als sie nach Israel zurückkamen, haben sie *Shabbat of a lifetime* gegründet. Normalerweise ist es für Gruppen gedacht, die sich gemeinsam anmelden. Aber auch individuelle Reisende sind willkommen.

Warum macht Ihr das immer noch, Du und Deine Frau? Ich meine, 30 Leute, das sind schon ziemlich viele Menschen an Eurem Tisch.

Wir mögen es wirklich sehr. Und wir würden es nicht mehr machen, wenn eines unserer Kinder dagegen wäre. Zugegeben, sie möchten nicht, dass wir jede Woche eine so große Gruppe haben. Aber sie lieben es, weil sie viel dabei lernen. Die Welt ist so ein großer Ort mit tiefgründigen und interessanten Menschen.

AM TISCH MIT ZEHN WEISBERGS UND 20 AMERIKANERN

In diesem Moment gesellt sich die Gruppe zu uns: fröhliche junge Leute aus Amerika – alle Christen, Marketingstudenten von der Lee University in Cleveland, Ohio. Und so gehen wir zusammen zum Shabbat-Dinner in Josh und Jenny Weisbergs Haus. Josh ist gebürtiger Kanadier und ein modern-orthodoxer Rabbi. Was das genau bedeutet, wird er mir später noch erklären. Er unterrichtet an der Nishmat, einer führenden Torah-Schule, an der vor allem Frauen studieren.

Jenny, seine Frau, ist Amerikanerin und betreibt den sehr erfolgreichen Blog jewishmom.com. Zusammen mit ihren ingesamt acht Kindern, fünf Mädchen und drei Jungs im Alter zwischen zwei und einundzwanzig, leben sie unter diesem Dach. Ein schönes Haus, aber keineswegs ein Palast – wenn 30 Leute am Tisch im Wohnzimmer sitzen, wird es schon recht kuschelig. Der Raum besticht vor allem durch seine beeindruckenden Regale mit alten Büchern.

Die Kleinen stellen sich einzeln vor, erstaunlich selbstbewusst vor so vielen Fremden; sie sind es offensichtlich schon gewohnt. Und so sitzen wir da, Schulter an Schulter, die zehn Weisbergs, 20 junge Amerikaner und ich – gemeinsam am Shabbat-Tisch.

Josh und Jenny ist es wichtig, dass sich ihre acht Kinder unter die Gäste mischen.

JOSH ERÖFFNET DEN ABEND

Herzlich willkommen Euch allen. Meine Frau Jenny hat eben schon Kerzen angezündet, bevor der Shabbat begonnen hat, bevor die Sonne untergegangen ist. Danach wäre das nicht mehr möglich. Das hier auf dem Tisch sind zwei Challot, zwei Shabbat-Brote. Und nicht zu vergessen: der Wein. Nehmt Euch mal bitte diese Liederbücher. Gleich singen wir »Shalom Aleichem«, der Friede sei mit Dir. In dem Lied geht es um Engel. Um die zwei Engel, die uns von der Synagoge nach Hause begleitet haben. Danach singen wir das Lied »Eyshet Chayil«, das aus dem letzten Buch der Sprüche in der Bibel stammt und den Frauen gewidmet ist. Es gibt ganz viele allegorische Erklärungen zu diesem Lied. Aber einfach ausgedrückt ist es ein Lied des Dankes an die Frau, die eine Quelle des Segens ist. Und außerdem ist es eine Allegorie für die Präsenz Gottes.

URALTE GESÄNGE

Und so singen wir aus dem kleinen Liederbuch nacheinander diese beiden Lieder, auf Hebräisch natürlich. Die Weisbergs mit Verve und Inbrunst, der Rest von uns – mit vermutlich haarsträubendem Akzent – eher etwas zaghaft. Und doch entsteht plötzlich eine ganz eigene, sehr warme Atmosphäre. Fremde Menschen aus verschiedenen Teilen der Welt sitzen zusammen an einem Tisch und singen. Es ist wirklich wahr: Gemeinsam zu singen verbindet und schafft auf wundersame Weise eine Nähe und Vertrautheit, die sich unter Fremden sonst nicht so schnell einstellt. Doch wir alle merken, dass hier etwas Besonderes begonnen hat. Uralte Verse, weitergegeben von Generation zu Generation. Seit Jahrtausenden von Menschen gesungen, die sich versammeln, um sich nah zu sein. Und genau in dieser sehr besonderen Stimmung, nachdem die zwei Lieder gesungen sind, beginnt ein Ritual, das ich aber erst später im Kapitel beschreiben möchte. Nicht, um einen künstlichen Spannungsbogen aufzubauen, sondern weil dieses Ritual mehr Raum und Resonanz braucht. Es ist einer der emotionalsten Augenblicke des Abends, und deshalb möchte ich ihn mit Josh am nächsten Tag noch einmal in aller Ruhe besprechen.

Im Anschluss an dieses Ritual beginnt das Kiddusch-Gebet (von hebräisch *kadosch*, heilig) über den Wein. Während Josh die Segensworte spricht, füllt er

Brot, Wein und Kerzen gehören zum Shabbat-Dinner genauso dazu wie uralte Gebete und Rituale

einen Becher, der auf einem Teller steht, bis zum Rand – und darüber hinaus. Der Wein läuft über. »Das ist ein kabbalistisches Bild«, erklärt Josh. »Der Gedanke dahinter ist, dass die Energie überfließt und wir ein Gefäß bauen müssen, um sie aufzufangen.« Becher werden am Tisch herumgereicht. Jenny, Josh und ich trinken Wein. Die amerikanischen Studenten sind offenbar noch nicht alt genug, um offiziell Alkohol trinken zu dürfen – und bitten stattdessen brav um roten Traubensaft. Denn mit am Tisch sitzt, optisch vom Rest der Truppe nicht zu unterscheiden, eine sehr junge Professorin …

DAS REINIGUNGSRITUAL

Und nun lädt uns Josh zu einem Reinigungsritual ein, das alle Beteiligten vor zwei Herausforderungen stellt. Erstens: logistisch! Wie bekommt man 30 Leute aus dem ziemlich überfüllten Wohnzimmer nacheinander ans Waschbecken in der kleinen Küche? Zweitens: linguistisch! Wie spricht man hebräische Worte korrekt aus? Denn das Händewaschen vor dem Essen beinhaltet beim Shabbat-Dinner sehr viel mehr als nur das reine Abwaschen des Schmutzes von unseren Händen. Es ist ein Ritual, das mit einem hebräischen Gebet einhergeht.

Ich stehe auf und zwänge mich an den anderen vorbei zum Waschbecken, wo mir eine Weisberg-Tochter aus einer Karaffe Wasser über die Hände gießt. Dreimal ein kleiner Guss über die linke Hand. Danach dreimal Wasser über die rechte. Währenddessen spricht sie mir einzelne hebräische Worte vor, die ich wiederholen soll. Ich gebe mir extra Mühe, denn Josh hatte uns schmunzelnd gewarnt:»Meine Tochter ist ziemlich streng, wenn es um die korrekte Aussprache geht. Wir hatten hier schon mal eine amerikanische Basketballmannschaft zu Gast, alles Zweimeterriesen. Aber das war meiner Zwölfjährigen egal. Sofia hat die Jungs so lange strammstehen lassen, bis sie mit deren Aussprache einigermaßen zufrieden war.« Nun denn, no pressure. Ich habe Glück: Sofia findet mein Hebräisch akzeptabel oder drückt gnädig ein Auge zu.

Während seine Gäste nacheinander ans Waschbecken gehen, erklärt Josh: »Dieses Reinigungsritual vor dem Essen ist aus den Zeiten des Tempels übernommen. Der existiert ja seit rund 2000 Jahren nicht mehr. Und deshalb holen wir das Zentrum des rituellen Lebens vom Tempel zu uns nach Hause. Das Gebet, das Ihr sprecht, ist relativ simpel. Übersetzt heißen die Worte: »Danke, Gott, dass Du uns heiligst, indem Du uns anweist, unsere Hände zu reinigen.«

ZEIT DER STILLE

»Und jetzt«, sagt Josh, »habe ich eine Bitte an Euch: Nach dem Waschen werdet bitte alle still. Redet nicht mehr, bis ich gleich das Brot brechen werde. Diese Zeit des Schweigens ist wichtig, um fokussiert zu bleiben. Unsere Hände sind ja ständig in Bewegung und berühren Dinge. Wenn Ihr redet, verliert Ihr eventuell den Fokus und berührt etwas. Das wäre dann eine sogenannte Unterbrechung, und Ihr müsstet Euch die Hände nochmals waschen. Zumindest

offiziell. Nicht jeder Jude tut das, und es ist auch keine seltsame Zwangsstö-
rung.« Er lacht. »Nein, der Gedanke dahinter ist folgender: Im Alltag lebt jeder
von uns ja eine Mischung aus Normalität und Heiligkeit. Aber manchmal, so
wie jetzt am Shabbat, da möchte man einfach eine Portion mehr Heiligkeit in
seinem Leben haben. Und dazu braucht es extra Konzentration.«

Eine sehr intensive Phase des Shabbat-Dinners beginnt nun. Unsere fröhliche, lockere Tischgemeinschaft wird langsam immer stiller. Nach und nach
beginnt jeder zu schweigen, der seine Hände rituell gereinigt hat. Ich finde es
schön, dass alle hier diese Regel befolgen. Selbst wenn es für uns Christen ungewohnt ist, so sind wir in diesem Moment doch ein Teil des jüdischen Rituals.
Wir haben Anteil an einer anderen religiösen Tradition. Wir müssen sie inhalt-
lich nicht teilen, klar, aber wir haben Respekt vor dem, was einer anderen Religion heilig ist. Das ist für mich das Bemerkenswerte dieses Abends: Man muss
nicht gleich konvertieren oder seine eigenen Wurzeln verleugnen, um anderen
nahe zu sein. Dieser Moment des Schweigens ist tatsächlich jener, der am lau-
testen spricht. Er sagt: Wir kommen zwar aus verschiedenen Traditionen. Aber
trotzdem gibt es etwas, das uns alle vereint – der Respekt vor dem anderen.

Es mag pathetisch klingen, aber dieser Moment ist für mich Ausdruck einer
tiefen Menschlichkeit, die religiöse und kulturelle Grenzen überwindet.

DAS BROT WIRD GEBROCHEN

In dieser friedlichen Stille blicken nun alle auf Josh, der am Kopfende des
Tisches sitzt. Er nimmt das erste der beiden Challah-Brote in die Hände und
bricht es in kleine Stücke. Dieses Challah-Brot soll an das Manna, das biblische
Himmelsbrot erinnern. Alles an diesem Abendessen hat einen rituellen Sinn
und ist mit einer besonderen Bedeutung aufgeladen. So wie das Salz, in das Josh
nun die Brotstücke eintaucht. Salz verdirbt nicht, deshalb ist es ein Symbol für
den ewigen Bund mit Gott.

So erklärt es uns Josh. Er hebt damit das Schweigen auf und gibt das Start-
signal zum Essen. Die Kinder bringen Schälchen mit verschiedenen Vorspeisen: Hummus und gebratene Auberginen. Danach gibt es dampfende Hühner-
suppe mit sogenannten Matzeknödeln. Sie bestehen aus Eiern, Fett und einem
ganz besonderen Mehl: Matzemehl aus zerkleinerten Matzen, den ungesäuer-
ten Broten, die während des Pessach-Festes gegessen werden. Jüdischer und
traditioneller kann eine Küche kaum werden. Danach gedünsteter Lachs, dann
gebratenes Huhn.

Auch hier, so erklärt es Josh, ist die Reihenfolge der Speisen nicht zufällig.
Man beginnt mit dem Mineral, dem Salz. Dann kommt Getreide, also das Brot.
Danach Fisch und Huhn. Es geht also immer höher hinauf in der Ordnung der
Dinge, sagt Josh. Ich habe den Eindruck, er könnte noch stundenlang über die
verschiedenen Dimensionen dieses Abendessens reden. Aber nun wird es Zeit
für Fragen aus der Runde.

Was ist das für ein länglicher Behälter an den Türpfosten? Und warum hängt der eigentlich schräg?

Das ist eine Mesusah, eine Schriftkapsel. So eine hängt an jeder Tür in einem traditionellen jüdischen Haushalt, außer am Badezimmer oder an Abstellräumen. In einer Mesusah befindet sich ein Pergament mit Abschnitten aus der Torah. Und es gibt zwei Strömungen unter den Gelehrten: Die einen wollen sie waagerecht aufhängen, die anderen senkrecht. Wir Juden diskutieren viel und gerne – und manchmal kommen wir zu Kompromissen. Also hängt die Mesusah jetzt schräg.

Haltet Ihr Euch wirklich streng an die Regel, nach dem Reinigungsritual nicht zu reden?

Ja, schon. Aber es gibt natürlich auch einige Tricks. Meine Mutter etwa versucht immer, sich als Letzte die Hände zu waschen, damit sie am längsten reden kann.

Wie haltet Ihr Euer Essen warm?

Wir haben Wärmeplatten, die wir vor dem Shabbat einschalten. Außerdem einen Heißwasserboiler, damit wir am Samstag nicht eiskalt duschen müssen. Ganz grundsätzlich kann man sagen: Körperliche Arbeit ist verboten. Man darf zum Beispiel nicht nähen – und das bedeutet: nicht mal einen einzigen Stich. Das Verbot wird also auf die pure Form reduziert. Es gibt 39 grundsätzliche Handlungen, die verboten sind. Aber es gibt auch viele Ausnahmen von der Regel. Meine Frau Jenny hat zum Beispiel ihre Wehen am Shabbat bekommen. Da mussten wir natürlich ein Taxi nehmen. Wenn es um lebenswichtige Dinge geht, dürfen Shabbat-Regeln ausgesetzt werden. Das Judentum ist nicht nur ein Glaubenssystem, sondern auch ein

Diesen Krug nutzen die Weisbergs
für »Netilat Jadajim«, die rituelle
Reinigung der Hände

Rechtssystem. Und es ist möglich, einen Weg um die Regeln herum zu finden. Beispielsweise gibt es eine »Shabbat-Funktion« bei Aufzügen. Man muss dann keinen Etagenknopf mehr drücken, der Aufzug hält einfach auf jeder Etage. Meine Mutter findet das immer sehr lustig. Sie sagt: Ihr stellt all diese Regeln auf. Und dann erfindet Ihr Schlupflöcher, um die Regeln nicht befolgen zu müssen. Das ist ziemlich jüdisch: Eine Regel akzeptieren, um das System aufrechtzuerhalten. Aber gleichzeitig einen smarten Weg finden, die Regel zu umgehen.

So geht die Diskussion munter weiter. Wir reden über ganz praktische Alltagsdinge, aber auch über Spirituelles, wie zum Beispiel die Unterschiede zwischen Judentum und Christentum.

Josh schenkt seiner Frau, sich und mir einen selbst gemachten Limoncello ein. Ein sehr spannender, vor allem aber ein sehr schöner Abend geht langsam zu Ende. Fremde, die sich nun viel weniger fremd sind als noch vor ein paar Stunden, verabschieden sich herzlich voneinander.

Die Zitronen für seinen Limoncello baut Josh eigens in seinem Garten an

DAS ZWEITE TREFFEN MIT JOSH

Josh und ich verabreden uns für den nächsten Abend – nach Sonnenuntergang – in einem Café an der Jaffa Road. Es gibt noch viel zu erzählen.

Vielen Dank nochmal für gestern Abend, Josh, das war wirklich toll.
Freut mich, wenn es Dir gefallen hat. Ihr wart eine super Truppe. Ich fand besonders das Ende sehr schön. Ich mag es, über Theologie zu reden. Ihr wart ja alle Christen, aber wir hatten auch schon Mennoniten und Agnostiker. Jeder Abend ist anders, das ist sehr spannend.

Man hat gemerkt, dass der Shabbat Euch wirklich Freude macht.
Ich liebe den Shabbat. Ganz ehrlich, es ist ziemlich schwierig, nicht eine tiefe Form von Glück zu empfinden. Ich bin mit meinen Kindern zusammen. Ich liebe den Wein, liebe das Essen. Selbst wenn du eine schreckliche Woche hattest, schiebst du das am Shabbat alles

weg. Meine Frau ist da, die Kerzen sind angezündet, die Familie ist zusammen. Das ist wirklich wunderschön.

Würdest Du sagen, dass die ganzen Shabbat-Regeln Euch eine Art von Freiheit geben? Dass Ihr zum Beispiel einen Tag lang kein Handy benutzen dürft?
Unbedingt. Dazu muss ich Dir eine Geschichte erzählen: Mein Bruder hat eine deutsche Frau aus Wuppertal geheiratet, die nicht jüdisch ist. Und trotzdem haben sie sich dazu entschieden, den Shabbat einzuhalten. Sie sehen an unserem Beispiel, wie es ist, einen ganzen Tag lang Computer und Fernseher auszulassen; sich nur auf die Familie zu konzentrieren und zu singen. Sie lieben es. Sie lassen jetzt auch ihre Handys aus am Shabbat. Es ist wirklich schön, einen ganzen Tag frei zu haben.

Lass uns mal kurz über Dein Outfit reden. Du trägst jetzt einen Hut, so wie gestern Abend auch, aber keine traditionelle Kippa.
Oh doch, guck mal, ich trage die Kippa drunter. Ich finde einfach, dass mir dieser Hut besonders gut steht *(er lacht)*. Ich habe auch Schläfenlocken, die ich hinterm Ohr trage. Sie sind allerdings nicht besonders lang, ich war gerade beim Friseur.

Aber Du siehst nicht unbedingt so aus, wie man sich einen orthodoxen Rabbi vorstellt. Du bezeichnest Dich ja selbst als »modern-orthodox«.
Das Wort *orthodox* ist in diesem Zusammenhang nicht sehr glücklich. Es ist ein christlicher Begriff, aus dem Griechischen. *Orthós* heißt aufrecht, richtig, und *doxa* Glaube, Doktrin. Aber im Judentum geht es nicht so sehr um die Doktrin, es ist in gewisser Weise querbeet und chaotisch. Die Menschen glauben an viele verschiedene Dinge. Was die orthodoxen Juden verbindet, ist das, was wir »Ortho-Praxis« nennen. Also dass wir die gleichen Gesetze befolgen.

Und diese Praxis verbindet Dich – als modern-orthodoxer Rabbi – mit den ultraorthodoxen Rabbis?
Genau. Es gibt verschiedene Typen von Juden. Da sind diejenigen, die sich sehr streng an den Traditionen orientieren. Sie sehen alle gleich aus: gleiche Hüte, gleiche Kleidung, die sie so tragen, wie es schon ihre Ur-Ur-Urgroßväter getan haben. Wir nennen sie die Haredim, die Ultraorthodoxen. Und dann gibt es uns modern-orthodoxe Juden, die einen modernen Zugang zum Leben haben. Wir besuchen die Unis, gehen arbeiten, gehen zum Militär, sind Teil der Gesellschaft. Und gleichzeitig sind wir religiös. Das sind einfach zwei verschiedene Herangehensweisen ans Leben.

Deine Frau schreibt den erfolgreichen Blog jewishmom.com. Spielen Frauen in der modernen Orthodoxie eine größere Rolle als bei den Ultraorthodoxen?
Das ist eine ziemlich komplizierte Frage, weil die Antwort darauf der Intuition widerspricht. Ultraorthodoxe Männer studieren die Torah, das ist sozusagen ihr Job. Viele ihrer Frauen gehen dagegen ganz normal arbeiten, zum Beispiel in Hightech-

Firmen. Sie sind oft viel besser gebildet als ihre Männer – in allen Dingen, die nicht die Torah betreffen. Das ist lustig. In den meisten ultraorthodoxen Familien, die ich kenne, haben die Frauen einen viel stärkeren Charakter als ihre Männer. Das würde man eigentlich nicht erwarten. Bei uns, in der modern-orthodoxen Welt, gibt es eine große Bandbreite. Meine Frau zum Beispiel ist sehr traditionell, sie bedeckt ihr Haar. Aber es gibt auch viele moderne Frauen, die ihre Haare nur teilweise bedecken. Generell kann man sagen, dass die Ultraorthodoxen viel isolierter leben und der Welt gegenüber viel misstrauischer sind. Viele aus der ultraorthodoxen Welt stehen dem Internet sehr argwöhnisch gegenüber. Ich übrigens auch, wir haben Internetfilter zu Hause. Meine Kinder dürfen das Internet nur nutzen, wenn wir dabei sind, weil ich denke, dass es im Netz viele ungute Dinge gibt.

DER SEGEN FÜR DIE KINDER

Die Kinder von Josh und Jenny … liebe Leser, ich schulde Ihnen ja noch einen wichtigen Teil der Geschichte. Deshalb kehren wir noch einmal zurück zum Shabbat-Dinner am Vortag: Wir sitzen wieder gemeinsam am Tisch und haben die zwei Lieder gesungen, »Shalom Aleichem« und das Dankeslied an die Frau.

Und in dieser warmen Atmosphäre beginnt für mich der emotionalste Moment des Abends: Josh und Jenny segnen ihre Kinder. Eines nach dem anderen, in der Reihenfolge ihrer Geburt, kommen die Kinder nach vorne zu ihrem Vater. Josh legt seine Hände sanft auf den Kopf seines Kindes. Er neigt sich nach vorne, geht mit seinen Lippen direkt ans Haar heran, wartet einige Augenblicke und spricht dann – fast flüsternd – ein Gebet. Ganz nah. Ganz intim. Ein wunderschöner Augenblick, der ein paar Sekunden dauert. Danach geben sich beide, Vater und Kind, einen Kuss auf die Wange. Genauso macht es auch Jenny. Alle acht Kinder kommen zu ihren Eltern, sie spüren die Wärme der Hände von Vater und Mutter, während sie von ihnen gesegnet werden. Egal, ob es in der Woche Streit gab, ob man sich gezofft hat über die kleinen oder großen Probleme des Alltags … am Ende der Woche, an jedem Freitagabend, legen Vater und Mutter ihre Hände schützend und segnend auf die Köpfe ihrer Kinder.

Das war ein sehr bewegender Augenblick, Josh.
Ja, es ist wunderschön. Das ist ein sehr kräftiger, ein mächtiger Moment. Meine Mutter muss immer weinen, wenn sie dabei ist. Bei dem Segen handelt es sich um uralte Worte. Zu meinen Söhnen sage ich: »Gott lasse Dich werden wie Ephraim und Menasche.« Und zu meinen Töchtern: »Gott lasse Dich werden wie Sara, Rebecca, Rachel und Lea.« Und anschließend spreche ich dieses Gebet: »Der Herr segne Dich und behüte Dich. Der Herr lasse Sein Angesicht über Dir leuchten und sei Dir gnädig. Der Herr wende Dir Sein Angesicht zu und gebe Dir Frieden.«

Daran erkennt man ja unsere gemeinsamen jüdisch-christlichen Wurzeln. Dieses Gebet haben wir in unserer Kirche auch.

Ganz genau, der aaronitische Segen. Der älteste überlieferte Segensspruch der Bibel. Man hat vor gut 40 Jahren in Jerusalem zwei kleine Rollen aus Silberblech entdeckt. Sie sind fast 3000 Jahre alt, und auf ihnen findet man genau die gleichen Worte, mit denen ich auch heute noch meine Kinder segne. Einmal hat mir eine schwedische Frau einen Brief geschrieben, nachdem sie an unserem Shabbat-Dinner teilgenommen hatte. Sie schrieb: »Hätte mein Vater mich auch nur ein einziges Mal gesegnet, ich denke, dass ich ein vollkommen anderes Leben gehabt hätte.«

Lass uns noch über Deinen sehr besonderen persönlichen Lebensweg reden. Normalerweise ist man ja automatisch Jude, wenn die eigene Mutter jüdisch ist. Aber Deine Mutter ist katholisch. Und sie kommt aus Deutschland. Das sind zwei sehr ungewöhnliche Voraussetzungen für einen orthodoxen Rabbi.

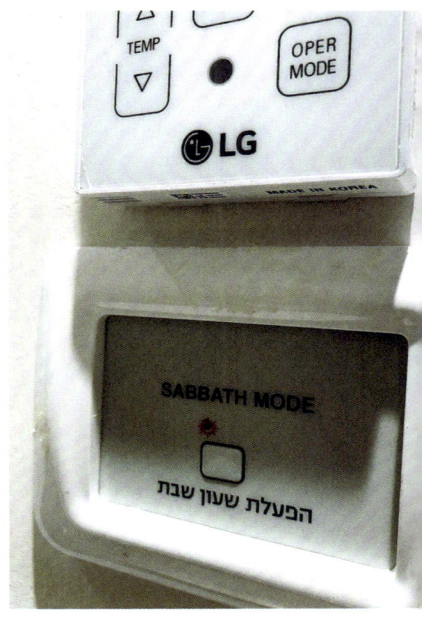

Selbst die Klimaanlage im Hotel hat einen Shabbat-Modus

Ja, vermutlich. Ich habe meine Geschichte aufgeschrieben, vielleicht bringe ich sie mal als Buch heraus. Zu Deiner Frage: Ich musste konvertieren. Ich musste sagen: Ich werde Teil eines Volkes. Wenn ich ins Reformjudentum hätte gehen wollen, wäre dieser Akt der Konversion nicht nötig gewesen. In der orthodoxen Welt schon. Aber durch die Konversion bin ich ein genauso »vollwertiger« Teil des Ganzen, als wäre ich von Geburt an Jude gewesen. Ich habe viele ultraorthodoxe Freunde. Für die macht es überhaupt keinen Unterschied.

Du hast mir gestern erzählt, dass Deine Frau einen kurzen Film über Deine Mutter gedreht hat: »German Mother, Jewish Son«. Man findet ihn auf YouTube. An einer Stelle des Films sagt Deine Mutter, dass Du als Fünfjähriger vor dem Spiegel standest und gesagt hast: »Eine Hälfte von mir ist deutsch. Die andere Hälfte ist jüdisch. Und ich weiß nicht, welche Hälfte welche ist.« Haben Dir Deine deutschen Wurzeln jemals Probleme hier in Israel bereitet?

Ich bin sehr eng mit meiner Mutter verbunden und habe mich in Deutschland immer sehr wohlgefühlt. Meine Mutter hat einen Doktortitel in Literatur. Sie liebt Goethe und Lessing. In diesem Geist bin ich aufgewachsen. Und dass eine Gesellschaft, die so humanistisch geprägt ist, so verrohen und so gewalttätig werden kann wie im Dritten Reich, ist unheimlich. Aber der Film, den Du angesprochen hast, ist wirklich sehr bewegend … bewegend für mich zu hören, was es meiner Mutter bedeutet, einen Sohn zu haben, der jüdisch und religiös ist. Meine Mutter hat früher an Schulen Vorträge darüber gehalten, wie wertvoll ihr das Judentum ist – obwohl sie ja selbst keine Jüdin ist. Sie ist eine echte Humanistin und Pazifistin. Die nationalistische Seite des Judentums missfällt ihr. Aber sie liebt die religiös-spirituelle Seite. Meine Mutter ist ein sehr großer Teil unseres Lebens, des Lebens unserer Kinder. Also, um Deine Frage zu beantworten: Ich denke, dass mein deutsches Erbe potenziell kompliziert sein könnte. Aber es war bislang immer sehr entspannt.

Warum habt Ihr Euch entschieden, hier in Jerusalem zu leben? Was macht die Stadt für Dich so besonders?
Jerusalem ist eine sehr intensive Stadt. Hunderte von Bibelschulen und kleine Synagogen, die sehr fokussiert sind. Es gibt ein großes Maß an Leidenschaft, die Wahrheit zu finden, eine Leidenschaft für Gott. Das ist extrem außergewöhnlich in dieser Stadt. Aus einer katholischen Perspektive nicht weniger: Was man hier findet, ist so überwältigend intensiv, so etwas gibt es nur selten auf der Welt. In Rom vielleicht. Aber selbst dort ist es ja der Katholizismus als Institution. Hier in Jerusalem gibt es dagegen kleine Gemeinschaften, die ihre ganz eigenen Rituale bewahrt haben. Das ist wirklich einzigartig.

Und so reden Josh und ich an diesem Abend noch sehr lange weiter. Über Jerusalem. Über Israel und Deutschland. Über unsere verschiedenen Leben, Schnittmengen, unsere katholischen Großmütter. Darüber, was wir vom jeweils anderen lernen können. Ich denke, dass wir Freunde werden. Und was könnte ein Abendessen in Jerusalem Schöneres bewirken?

NICHT VERPASSEN

- Das YouTube-Video »German Mother, Jewish Son«
- Joshs selbst gemachten Limoncello – falls Sie mal bei den Weisbergs am Tisch sitzen.
- Auch außerhalb des Shabbats von Rabbi Josh bekocht werden und über Gott und die Welt reden: www.chefrabbijosh.com
- Jennys Blog jewishmom.com

WAS?
Ein traditionelles Shabbat-Dinner an einem Freitagabend in einer jüdischen Familie miterleben – die Rituale und Gebete kennenlernen, typisch jüdische Gerichte essen. Bitte pünktlich zum Treffpunkt kommen, denn es gibt am Shabbat keine Möglichkeit, mit den Gastgebern per Handy Kontakt aufzunehmen.

WO?
- Die Plätze werden zugewiesen. Preis auf Anfrage, ca. 25 € pro Person; Anmeldung: www.shabbatofalifetime.com.

TIPPS

ÜBERIRDISCHES AUS JÜDISCHER PERSPEKTIVE

Von der Hurva-Synagoge auf die Altstadt blicken

Im Jahr 2010 wurde die sehenswerte Hurva-Synagoge am Hurva Square, dem Hauptplatz des Jüdischen Viertels, umfangreich restauriert. Während Ihres Besuches können Sie von einer Balustrade in das Innere der Synagoge hineinschauen – der »Heilige Bogen«, der die Torah-Rolle der Synagoge enthält, ist der höchste der Welt. Und auch der Blick vom Dach des neobyzantinischen Gotteshauses auf die Altstadt ist sehr beeindruckend.

• Ha-Yehudim Street
  So–Do 9–18 Uhr (im Winter bis 17 Uhr), Fr und an Feiertagen: 9–13 Uhr.
  Kosten: Erwachsene 20 Schekel, Kinder 10 Schekel. Audioguide im Ticketpreis enthalten.

An der Klagemauer den Shabbat begrüßen

Die Klagemauer (auch: Kotel, Western Wall, Wailing Wall) im Jüdischen Viertel der Jerusalemer Altstadt sollten Sie bei Ihrem Besuch auf keinen Fall verpassen. Auch als Nichtjude darf man direkt an die Mauer herangehen und ein sogenanntes Kvittelchen, also einen Zettel mit Wünschen oder Gebeten in die Mauerritze stecken. Der Zugang ist allerdings streng nach Geschlechtern getrennt: Der größte Teil der Mauer ist links den Männern vorbehalten, der Eingang für die Frauen befindet sich rechts. Für Männer ist eine Kopfbedeckung vorgeschrieben; am Zugang zur Mauer kann man sich eine Kippa ausleihen.

Eine besondere Stimmung herrscht am Freitagabend, wenn der Shabbat beginnt. Der Platz direkt vor der Klagemauer ist dann vollgepackt mit Menschen, die tanzend und singend den Ruhetag begrüßen.

Bitte beachten Sie, dass am Shabbat das Fotografieren auf dem Platz vor der Klagemauer verboten ist.

Es an Purim ordentlich krachen lassen

Wenn Sie ein Karnevals- oder Faschingsfan sind, dann werden Sie Purim lieben. Denn zu diesem Fest ist Jerusalem nicht wiederzuerkennen: Aus der Stadt der Beter wird die Stadt der Betrunkenen! Die Menschen verkleiden sich und feiern ausgelassen. Und selbst orthodoxe Juden, die sonst im Jahr eher streng und tendenziell spaßbefreit wirken, lassen es zu Purim ordentlich krachen. In puncto Alkoholkonsum muss sich das Purim-Jerusalem vor dem Kölschen Karneval nicht verstecken. An welchem Datum Purim gefeiert wird, erfahren Sie unter www.touristisrael.com/purim-in-jerusalem.

Der Männerbereich an der Klagemauer

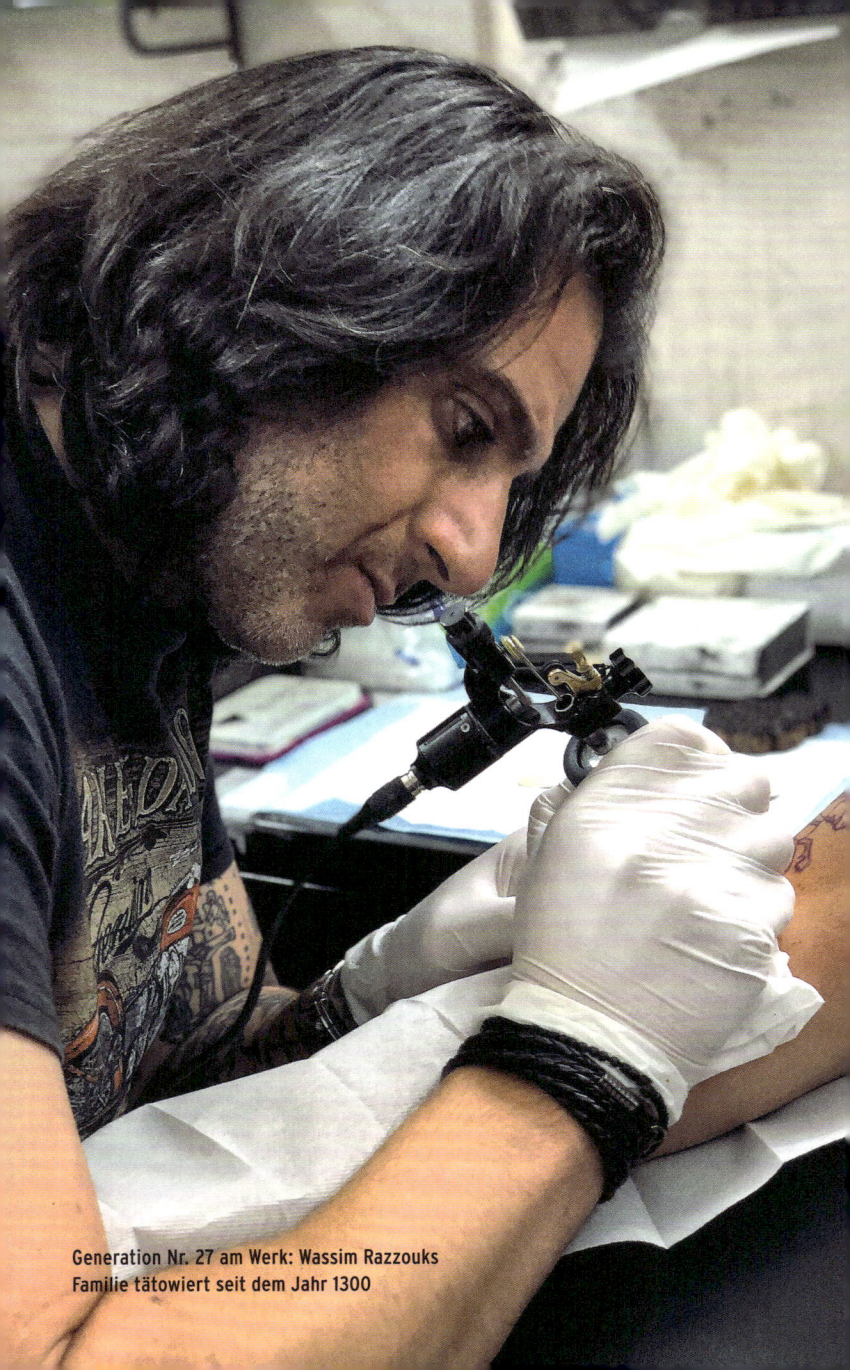

Generation Nr. 27 am Werk: Wassim Razzouks
Familie tätowiert seit dem Jahr 1300

RAZZOUK TATTOO

Wir treffen auf eine
Harley Davidson,
das Lamm Gottes und
eine 700-jährige
Familientradition.

DAS ÄLTESTE TATTOO DER WELT

Sie möchten sich ein Tattoo stechen lassen? Überlegen Sie es sich bitte sehr gut.
Und fallen Sie bloß nicht auf neue Trends herein, so wie ich vor gut 20 Jahren.

Vielleicht erinnern Sie sich noch an diesen Tattoo-Trend aus Amerika: »Temptoo« – Temporary Tattoo. Nun ja, ich werde jeden daran Tag erinnert, und zwar von einem verschwommenen Etwas auf meinem rechten Oberarm. »Komm Stefan, Du kannst meine Testperson sein – normalerweise kostet so ein Temptoo 90 Mark, aber für Dich ist es kostenlos. Toll, oder? Und ich steche die Farbe auch nur unter die oberste Hautschicht, versprochen, das geht nach spätestens einem Jahr wieder weg. Garantiert.« So ungefähr verlief das Gespräch mit einer Bekannten damals im Sauerland. Ich war jung, meine Haut war makellos. Und Sie ahnen es bereits: So »temporär« wie der Name uns glauben machen will, sind Temporary Tattoos leider nicht. Wie gesagt, ich war jung und naiv. Und so trage ich seit 20 Jahren ein verschwommenes Sonnen-Yin-Yang-Unfall-Tattoo spazieren.

URALTE, LEBENDIGE FAMILIENTRADITION

Man könnte also durchaus behaupten, ich sei ein gebranntes Kind, wenn es um Farbe geht, die unter meine Haut geritzt wird. Aber dieses Mal bin ich mir sicher: Ich möchte mir ein Tattoo stechen lassen, das mich ein Leben lang begleiten soll. Deshalb habe ich einen Termin bei Razzouk Tattoo in der Jerusalemer Altstadt gemacht, die mit dem weltweit wohl einzigartigen Slogan werben: »Tattoo with Heritage. Since 1300«.

Diese Zahl ist kein Tippfehler. Wassim Razzouk, der Chef von Razzouk Tattoo, kann auf eine fast schon unwirklich lange Familientradition zurückblicken. Bereits seit mehr als 700 Jahren stechen die Razzouks fromme Zeichen unter die Haut von Pilgern. Das älteste Tattoo-Studio der Welt also? Eigentlich ja. Wenn da nicht die Dänen wären. Das offiziell älteste Tattoo-Studio gibt es aktuell in Nyhavn, einem Stadtteil der dänischen Hauptstadt Kopenhagen, erklärt mir Wassim. Aber dabei muss er grinsen: Denn der Laden in Dänemark bestehe erst seit 1884, also erst seit rund 130 Jahren. Und wenn die Dänen dichtmachen, sagt Wassim, dann können sie ihren Rekord vergessen. Ganz anders, so der 45-Jährige, bei Razzouk Tattoo. Hier gehe es nicht um den Shop an sich, also nicht um den Ort, an dem die Tattoos gestochen werden – das sei irrelevant. Es gehe vielmehr um die Familientradition. Und genau diese außergewöhnliche jahrhundertealte Tradition ist es, die die Menschen aus der ganzen Welt in das Tattoo-Studio von Wassim Razzouk lockt.

So wie mich heute. Und so stehe ich wie vereinbart pünktlich um 11 Uhr vor Wassims Laden, ganz in der Nähe des Jaffatores im Christlichen Viertel Jerusa-

lems, in der St. George Street. Aber noch kein Wassim in Sicht. Soviel vorweg:
Er wird wenig später auftauchen. Mit einem lautstarken Auftritt, der in der Jerusalemer Altstadt tagtäglich für jede Menge Aufsehen sorgt.

EIN BIBLISCHES VERBOT?

Falls Sie Christ sind, vielleicht auch katholisch – so wie ich –, und sich jetzt
fragen: Moment mal, christliche Tattoos? Darf man sich eigentlich tätowieren
lassen als gläubiger Mensch? Steht denn nicht in der Bibel, dass der Körper ein
Tempel des Heiligen Geistes sei, den man nicht absichtsvoll verletzen darf? Und
hat nicht sogar ein Papst die Tattoos verboten?

Ja und nein. In der Bibel steht im 3. Buch Mose: »Ihr sollt um eines Toten
willen an eurem Leibe keine Einschnitte machen noch euch Zeichen einätzen.«
Daraus könnte man tatsächlich ein Tattoo-Verbot ableiten. Allerdings steht im
Satz davor auch: »Ihr sollt euer Haar am Haupt nicht rundherum abschneiden
noch euren Bart stutzen«. Wer weiß, ob wir alle für unsere Friseur- und Bar-
bierbesuche irgendwann in der Hölle schmoren müssen, offiziell verboten hat
die Kirche das Haareschneiden jedoch nicht, Gott sei Dank.

Viel spannender ist also die Spezifizierung der Bibel, man solle sich »um eines Toten willen« keine Zeichen auf den Leib machen lassen. Dieses Verbot
muss man im historischen Kontext verstehen. Denn damals war es kanaanitischer Brauch, sich die Asche von verbrannten Verstorbenen in Schnittwunden
zu reiben. Wohl gegen jenen heidnischen Brauch wendet sich die Bibelstelle,
nicht gegen das Tätowieren an sich.

Versteckt in der Altstadt,
und doch ein internatio-
ler Hotspot für Tattoo-Fans

Eine der beiden Harleys, die Wassim besitzt. Er ist Gründungsmitglied der »Holy Land Bikers«

Und doch griff Papst Hadrian I. im Jahr 787 durch. In einem Konzil verbannte er Tattoos aus dem christlichen Kulturkreis als »heidnischen Brauch«, was noch sehr lange nachwirkte. Im schweizerischen Kanton Bern war es zum Beispiel bis 1996 offiziell verboten, sich tätowieren zu lassen, im Gesetz war sogar von »Körperverstümmelung« die Rede.

Aber die Zeiten ändern sich, sogar in der Kirche. So sind in evangelischen und freikirchlichen Kreisen heutzutage junge Pastorinnen und Pastoren beinahe schon selbstverständlich tätowiert. Und die katholische Kirche? Die spricht in ihrem Katechismus generell von der »Achtung der körperlichen Unversehrtheit«, äußert sich aber nicht explizit zur Tattoo-Frage.

Allerdings könnte Papst Franziskus der Welt 2016 einen indirekten Hinweis auf seine Haltung dazu gegeben haben: In Italien erschien ein Bildband über die christlichen Tattoos von Strafgefangenen, für den der Papst persönlich das Vorwort schrieb. Und im Mai 2018 sagte er, Tattoos könnten ein Anknüpfungspunkt für Priester sein, um sich mit der Jugendkultur zu verbinden.

Es scheint also aus christlicher Sicht nichts oder doch nur sehr wenig gegen ein Tattoo zu sprechen. Und tatsächlich: Wenn man heute durch Jerusalem geht, sieht man bei vielen Mönchen am rechten Handgelenk das Tattoo eines Kreuzes – achten Sie mal darauf. Irgendwie erstaunlich: Es ist noch gar nicht so lange her, da waren Tattoos in der westlichen Welt verpönt und eigentlich nur in Hafenspelunken auf den Unterarmen verlotterter Seemänner zu sehen.

Heutzutage sind selbst Manager und Staatsanwälte tätowiert, und genauso eben auch Pilger, Mönche und Nonnen. Der Laden von Wassim Razzouk brummt – denn christliche Tattoos sind so beliebt wie lange nicht.

EIN UNÜBERHÖRBARER AUFTRITT

Viertel nach elf, und ich stehe noch immer vor verschlossener Tür. Aber der Nachbar von Razzouk Tattoo, ein alter Mann in einer Änderungsschneiderei, versichert mir: Keine Sorge, Sie können Wassim gar nicht verpassen. Wenn er kommt, werden Sie ihn definitiv hören.

Und wie recht er doch hat. Durch die St. George Street röhrt jetzt, verstärkt durch das Echo der engen Gasse, ein Motorrad auf mich zu, eine Harley Davidson, darauf ein cooler Typ im T-Shirt mit volltätowierten Armen. »Sorry«, sagt Wassim, als er den Helm abnimmt und sich durchs schulterlange dunkle Haar wuschelt. Der 45-Jährige liebt sein Motorrad heiß und innig – er ist sogar Gründungsmitglied der »Holy Land Bikers« –, aber selbst für ihn und sein PS-starkes Zweirad war heute kein Durchkommen. »Sorry, Stefan, Jerusalem-Marathon, da sind fast alle Straßen gesperrt. Komm rein, magst Du einen Kaffee?«

Er führt mich in seinen kleinen Shop und fährt den Laptop hoch. Entspannte Lounge-Musik wummert jetzt aus den Lautsprecherboxen, und ich bin verblüfft: Hier in der Jerusalemer Altstadt, wo man normalerweise nur Kreuze, Weihrauch und Dornenkronen an die Pilger bringen will, hat Wassim einen erstaunlich hippen Laden erschaffen. Einen Laden, den es so auch in Berlin, London oder New York geben könnte. Dunkles altes Holz, lässig verputzte Steinmauern. Ein Ort, der Schlagzeilen macht – vor allem auch international, wie die Presseberichte an den Wänden beweisen: Tattoo-Fachblätter, Magazine und Zeitschriften aus der ganzen Welt haben schon über Razzouk Tattoo berichtet.

Es sei interessant, sagt Wassim, dass besonders viele Journalisten aus Deutschland über ihn geschrieben hätten. »Ihr steht wohl auf Tattoos aus Jerusalem?«, lächelt er. Aber auch CNN-Reporter aus Amerika und britische Journalisten der BBC waren schon da. Alle waren fasziniert von der Dynastie der Razzouks: Wassim hat den Job von seinem Vater Anton übernommen, der wiederum die Kunst des Tätowierens von Großvater Yacoub lernte. Und Yacoub von Urgroßvater Jirius. Insgesamt 27 Razzouk-Generationen haben die Profession weitervererbt, vom Vater zum Sohn – 700 Jahre lang.

Wassim selbst hatte eigentlich keine große Lust, das Geschäft fortzuführen. Er studierte Hotelmanagement. Doch dann kam der Wendepunkt in seinem Leben: Im Internet stieß er auf ein altes Interview, das sein Vater einige Jahre zuvor gegeben hatte. Damals hatte Anton Razzouk gesagt, dass die lange Tattoo-Tradition mit ihm wohl endgültig aussterben werde. Dass er selbst vermutlich der Letzte in der Reihe sei. Leider. Erst in diesem Augenblick, sagt mir Wassim, sei ihm die Bedeutung seines Familienerbes so richtig bewusst geworden. Deshalb habe er sich 2010 entschieden, weiterzumachen. »Und guck mal hier, Stefan.« Wassim zeigt mir auf seiner Wade ein Tattoo: das Lamm Gottes, fein und kunstvoll ausgearbeitet. »Das hat mir mein Sohn gestochen. Sieht ziemlich cool aus, oder?«

Wassim, Vater von vier Kindern, ist sichtlich stolz auf seinen 16-jährigen Sohn Nizar, der bereits ins Geschäft eingestiegen ist. Und er ist wohl auch ziemlich erleichtert, dass er die älteste Tattoo-Tradition der Welt bewahrt hat.

KOPTEN, PILGER, GEKRÖNTE HÄUPTER

Seit wann gibt es überhaupt christliche Tattoos? Die ersten Berichte darüber stammen aus dem 6. und 7. Jahrhundert, aus Ägypten und dem Heiligen Land. Von dort verbreiteten sich Tattoos mit christlichen Motiven zunächst im ostchristlichen Raum, in der äthiopischen, assyrischen und armenischen Kirche.

Die Razzouks sind Kopten, also Christen aus Ägypten. (Kleine Eselsbrücke: Der Ursprung des Wortes »Kopten« ist im Wort »Ägypten« heute immer noch deutlich zu hören.) Und unter eben diesen Kopten war es uralte Tradition, dass bereits fünfjährige Kinder an der Innenseite des rechten Handgelenks ein kleines koptisches Kreuz gestochen bekamen – als Erkennungszeichen, das beim Kirchenbesuch vorgezeigt werden musste, sozusagen als Eintrittskarte. Tattoos dienten den Kopten also als Zeichen der Zugehörigkeit zu ihrer Religionsgemeinschaft.

*Stigma, Erkennungs-
zeichen, Körperschmuck:
Das Image der Tattoos
hat sich über die Jahr-
hunderte sehr verändert.*

Dabei hatte diese Tradition einen ganz anderen, sehr düsteren Anfang. Ursprünglich wurden die Koptenkreuze nämlich als Stigmata eingeritzt, als Schandmale. Alle Christen, die sich geweigert hatten, zum Islam überzutreten, mussten sichtbar mit einem Kreuz gekennzeichnet werden. Ein mehr als unseliger Start also für den christlichen Körperschmuck.

Bis zu den späteren Pilger-Tattoos war es dann noch ein ziemlich weiter Weg. Damit begann es um das Jahr 1095, als die christlichen Kreuzfahrer sich ins Gelobte Land aufmachten, um die Heiligen Stätten von den muslimischen Eroberern zu befreien. Ihnen folgten im Lauf der Jahrhunderte die Pilger, die sich mit ihren Tattoos ewig an den emotionalen Höhepunkt ihres Lebens erinnern wollten: An jenen Moment, an dem sie am Grab Jesu gewesen waren, des göttlichen Menschensohnes, des Heilands, des Erlösers.

Und welche Entbehrungen diese Pilger auf sich nahmen für diesen Moment! Sie verließen ihre Heimat auf unbestimmte Zeit in Richtung einer unbekannten Welt. Unterwegs erwarteten sie schlechte Wege, wilde Tiere, Räuber, Söldner, schmutzige Herbergen und die verschiedensten Krankheiten. Ein hochriskantes, lebensgefährliches Abenteuer! Sollte man die Reise aber lebend überstanden haben, brachte ein Tattoo zwei große Vorteile mit sich: Es erinnerte, erstens, bis ans Lebensende unauslöschlich an die Pilgerfahrt. Und zweitens war es ein sehr praktisches Souvenir. Denn das Einzige, das man mit nach Hause brachte, selbst wenn man auf dem Rückweg in die Hände von Räubern fiel, war …? Ganz genau: die Tinte unter der Haut.

Früher wurden Tattoos schmerzhaft unter die Haut geklopft. Wassims Urgroßvater Jirius und sein Werkzeug um 1900

Dieses Mitbringsel konnte einem nichts und niemand mehr wegnehmen.

Ein Pilgerbericht aus dem Jahr 1484 erzählt von einem Kreuzritter, der nach seinem Besuch der Heiligen Stätten zurück in die Heimat kam und dort verstarb. Als man seinen Körper für die Beerdigung vorbereiten wollte, fand man auf seiner Haut zahlreiche Tattoos: Kreuze auf beiden Schultern, Palmenmotive auf Brust und Rücken. Niemand hatte etwas davon geahnt. Der Ritter hatte sich in Jerusalem tätowieren lassen und diesen geheimen Schatz für sich behalten.

Über viele Jahrhunderte blieben Tattoos als Erinnerung an einen Besuch des Heiligen Landes in Mode. Doch als die Pilgerwege immer sicherer wurden und Tattoos ein eher zwielichtiges Image bekamen, nahm die Begeisterung für den christlichen Körperschmuck ab. Umso erstaunlicher, dass sich gegen Ende des 19. Jahrhunderts ausgerechnet ein britisches Blaublut für ein Tattoo entschied: kein Geringerer als König George V. höchstselbst, der Großvater von Queen Elizabeth II. Er ließ sich fünf Kreuze und drei Kronen auf den Körper stechen. In einer Depesche aus Jerusalem schrieb der König überglücklich, dass er just denselben Tätowierer wiedergefunden habe, der schon 20 Jahre zuvor seinen Vater, König Edward VII., tätowiert hatte. Wer das wohl war? Ganz genau, ein Vorfahre von Wassim Razzouk, dem Mann auf der Harley Davidson.

Die VIP-Liste der Razzouks hat noch mehr zu bieten: Wassims Großvater Yacoub etwa tätowierte Haile Selassie, den Kaiser von Äthiopien, der übrigens – Achtung, Partywissen – von den jamaikanischen Rastafaris als göttlicher

Messias verehrt wird. Auch Prinz Albert, der Gemahl von Königin Victoria, war einer der illustren Kunden. Auch Deutsche sind auf der Liste: Ende des 17. Jahrhunderts ließ sich der preußische Offizier Otto Friedrich von der Groeben von den Razzouks stechen. Das geschah damals noch nicht mit Tätowier-Tinte – eine spätere Erfindung –, sondern mit einem Gemisch aus Schießpulver und Ochsengalle. Alte Berichte sprechen immer wieder von Schüttelfrost und Fieberschüben nach Tattoo-Sitzungen – wen wundert's.

FAMILIENERBE AUS OLIVENHOLZ

Die Hygiene entspricht mittlerweile natürlich allen modernen Standards, aber die Motive, die Wassim heute in seinem Laden benutzt, sind immer noch exakt dieselben wie damals. Er führt mich in den hinteren Teil seines Shops und deutet auf ein Holzbrett, auf dem der größte Schatz seines Geschäfts liegt, das, was Wassim von sämtlichen Tätowierern auf der ganzen Welt unterscheidet, quasi die DNA des Razzouk-Business.

Das Erbe seiner Vorfahren umfasst rund 40 alte »Stempel« aus dunkelbraunem Olivenholz, die als Vorlage für die Tattoos dienen. Handliche Holzstücke in unterschiedlichen Größen, auf denen die verschiedensten Schnitzereien zu sehen sind. Schon seit Generationen benetzen die Razzouks diese alten Holzstempel mit Farbe, drücken sie auf die gewünschten Körperstellen der Pilger und ritzen dann entlang der aufgestempelten Linien die ewige Erinnerung unter die Haut. Den Heiligen Georg als Drachentöter, zum Beispiel, oder Veronika mit dem Schweißtuch. Oder auf diesen Stempeln hier: Jesus, der Erlöser, wie er aus dem Grab aufersteht, die Kreuzigungsgruppe, das Lamm Gottes. Daneben der Erzengel Gabriel, die Gottesmutter mit dem Jesuskind. Und natürlich viele unterschiedliche Kreuze in verschiedenen Größen.

Was mir auffällt: Fast all diese Motive hätten auch von einem Kind entworfen sein können. Auf berührende Weise wirken die Linien irgendwie ungelenk, eher schlicht und simpel. Doch gerade diese naive Schlichtheit, dieses Einfache ist es, was den Charme der Darstellungen ausmacht. Bei den Razzouks stand damals – und steht auch heute noch – die Botschaft im Vordergrund, und die braucht keinen Firlefanz.

Natürlich sticht Wassim auf Wunsch auch alle anderen Motive, vom Liebesschwur bis zum Totenkopf; der Kunde ist nun mal König. Aber weltweit bekannt wurde Wassim vor allem für diesen Familienschatz aus Olivenholz. Ein Schatz, der in seinem Zentrum ein ganz besonderes Juwel birgt.

DAS JERUSALEMKREUZ

Und so deutet er jetzt auf einen Stempel mit einem Motiv, das dem Besucher hier in Jerusalem auf Schritt und Tritt begegnet. Nicht nur auf Häusern, Fahnen und Schildern, sondern auch auf den Steinwänden der Grabeskirche, hundertfach eingeritzt vor Hunderten von Jahren: das Jerusalemkreuz. Darunter versteht man ein großes griechisches, also vollkommen symmetrisches Kreuz mit vier kleineren Kreuzen in den Ecken. Insgesamt fünf Kreuze also, die oft als die fünf Wunden Christi gedeutet werden.

»Das ist das Herzstück«, sagt Wassim, »der älteste Stempel, den ich habe.« Und es sei natürlich auch das traditionellste Motiv, das man sich hier in Jerusalem stechen lassen könne. Ich nicke ihm zu, und er begreift sofort, dass meine Entscheidung gefallen ist. Ein Jerusalemkreuz soll es auch auf meiner Haut werden, wenn schon, denn schon!

»500 Jahre ist dieser Stempel alt«, sagt er, während er sich Handschuhe anzieht, meine Haut desinfiziert, das Olivenholz auf ein Farbkissen drückt und mir das Jerusalemkreuz auf den Körper stempelt. »Stefan, was glaubst Du: Wie viele Menschen haben sich wohl schon dieses Kreuz unter die Haut stechen lassen, von genau dieser Vorlage?«

»Keine Ahnung«, antworte ich und sehe wohl ziemlich überfordert aus, als ich versuche, grob irgendeine Zahl zu überschlagen. Wassim grinst mich an. »Ich weiß es natürlich auch nicht genau«, sagt er. »Aber viele Tausende müssen es gewesen sein.« Viele tausend Tattoos in den letzten 500 Jahren, von genau diesem Stempel. Ein Gedanke, der einige Momente braucht, um in seiner ganzen Tiefe bei mir anzukommen. Und ich bitte Sie: Folgen Sie mir einmal auf diese Gedankenreise, stellen Sie sich den Strom der Pilger auf ihrem Weg durch die Zeit vor. All jene Pilger, die sich hier in Jerusalem ein Tattoo stechen ließen, um diesen Ort nie wieder zu vergessen.

Es ist zwar nur ein bisschen Farbe unter der Haut, aber was für eine irre Vorstellung: Mit diesem Tattoo reihe ich mich heute in eine uralte Tradition ein, werde Teil der Kontinuität christlichen Pilgertums – symbolisiert durch diesen 500 Jahre alten Stempel aus uraltem Olivenholz. Ein verrückter und gleichzeitig auch sehr berührender Gedanke, den man wohl nur hier in Jerusalem gratis zum Tattoo dazubekommt.

Und als hätte Wassim meine Gedanken erraten, erzählt er mir von Kunden, die immer wieder bei den

Die Tattoo-Motive sind ein halbes Jahrtausend alt

Razzouks anklopfen: Alte Menschen, die schon seit Jahrzehnten nach Jerusalem pilgern und sich dann als Erinnerung die jeweilige Jahreszahl ihres Besuches einritzen lassen. Wassim zeigt mir eine Fotografie. Ein Unterarm, runzlige Haut. Ich kann die Jahreszahl 1953 erahnen. Darunter: 1965, 2000, 2007, 2018. Eine Jahreszahl unter der anderen. Und so sind auf manch faltiger Haut im Lauf der Jahrzehnte schon lange Listen entstanden.

Es sei für ihn sehr berührend, erzählt mir Wassim, wenn er die Tätowierhandschrift seines Vaters – und manchmal auch noch die seines Großvaters – auf den Armen der Alten entdecke. »An meinen Großvater Yacoub habe ich zwar keine Erinnerung mehr«, sagt Wassim, »aber Opas Tätowierstil, den kenne ich ganz genau. Und wenn ich dann in meiner eigenen Handschrift eine neue Jahreszahl daruntersetze«, sagt er, »ist das für mich immer wieder ein bewegender Moment, genau deshalb liebe ich meinen Job so sehr.«

DIE ALTE KOPTIN

»Wer war eigentlich der älteste Kunde, den Du jemals tätowiert hast?«, frage ich ihn. Wassim muss breit grinsen während er erzählt: »Es war eine Kundin, eine sehr, sehr alte Frau, 101 Jahre alt, eine Koptin. Und ihre Haut war so unglaublich runzlig, so voller tiefer Falten, dass es für mich eigentlich unmöglich war,

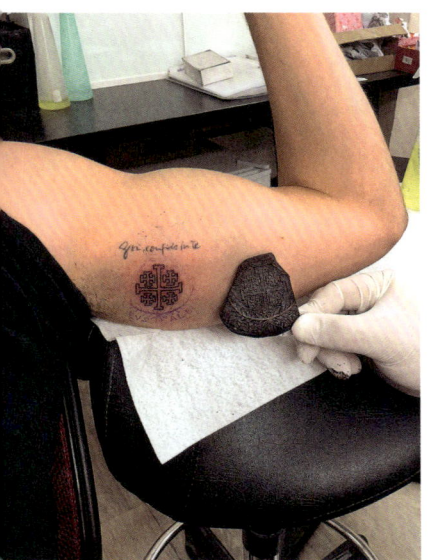

ihr ein gutes Tattoo zu stechen. Aber sie wollte es unbedingt. Und sie hatte ihre Tochter dabei, die übrigens auch schon 80 Jahre alt war. Diese Tochter hat mich fast schon bekniet, ihrer Mutter den Wunsch nicht abzuschlagen. Die Mutter sei zum ersten – und wohl auch letzten Mal – in Jerusalem, und es sei ihr absoluter Herzenswunsch, ein Jerusalem-Tattoo zu bekommen. Also sagte ich Ja. Und eigentlich hatte ich auf ein kleines Motiv gehofft, irgendwas eher Dezentes. Aber die alte Dame wollte das volle Programm und entschied sich für ein großflächiges Kreuz auf ihrem Arm. Trotz der tiefen Falten habe ich das Tattoo dann doch noch unter ihre Haut bekommen. Und wir alle waren glücklich: ich, die 80-jährige Tochter und die 101-Jährige natürlich auch, weil ihr diese Erinnerung aus Jerusalem so unglaublich wichtig war.«

Ewige Erinnerung auf meinem Oberarm:
das Jerusalemkreuz

SCHMERZEN GEHÖREN DAZU

Wassim hat inzwischen an meinem Arm Hand angelegt. Seine moderne Tätowiermaschine brummt, er arbeitet konzentriert. Aber das Ganze ist – wie ich leider feststellen muss – ziemlich schmerzhaft. Was nicht an Wassim liegt, ich bin selbst schuld. Ich hatte mir als Stelle für das Jerusalemkreuz die Innenseite meines Oberarms ausgesucht. Kneifen Sie sich einmal kurz in die empfindliche Haut unterhalb des Bizeps. Und dann pieksen Sie gedanklich viele heiße Nadeln in genau diese Stelle hinein. Ungefähr so.

Aber das gehört ja irgendwie auch dazu. Schon immer betrachteten Pilger, die sich tätowieren ließen, ihren Schmerz als eine Art von Opfer. Der Tropfen Blut, den man beim Tätowieren verlor, war eine Anteilnahme am Leid Christi. Ganz so überhöhen möchte ich diesen Moment natürlich nicht. Schmerzen – egal ob religiös verklärt oder nicht – zählen nicht zu meinen Lieblingsgefühlen. Zum Glück kommt Wassim gut und schnell voran. »Sei froh, Stefan, früher wurde die Farbe hier noch unter die Haut gehämmert, das war auch nicht viel angenehmer«, zwinkert er mir zu.

Doch auch in Jerusalem ist der Fortschritt angekommen, wenn auch ziemlich verspätet und nur mit viel Tüftlergeschick. Wassims Großvater Yacoub war in den 1940er-Jahren der erste Tätowierer im ganzen Land, der eine Maschine benutzte. Er hatte sie aus einer alten Türglocke gebastelt und mit einer Autobatterie angetrieben, weil es in Jerusalem damals noch kein Stromnetz gab.

Innerlich preise ich die Segnungen der Moderne und bin erleichtert, dass Wassim die letzten heißen Nadelstiche meines Tattoos setzt. Ein Tattoo – und Sie erinnern sich noch an den Anfang des Kapitels –, das Gott sei Dank kein Temptoo ist, kein launenhafter, flüchtiger Trend. Mein Razzouk-Tattoo ist genau das Gegenteil: die Erinnerung an eine 700 Jahre alte, ungebrochene Familientradition. Und an die unzähligen christlichen Pilger im Strom der Zeit, symbolisiert durch einen 500 Jahre alten Stempel aus Olivenholz.

MUSEUMSSTÜCKE UND EINE PHLEBITIS

Falls ich Ihre Neugierde auf ein Razzouk-Tattoo geweckt habe, Sie aber noch keine konkrete Reise nach Jerusalem planen (was sich nach der Lektüre dieses Buches hoffentlich ändern wird), hier noch ein kleiner Tipp: Obwohl Wassim die Tradition seiner Familie am Leben erhält und das Geschäft blüht, ist ein Teil des Razzouk-Erbes mittlerweile im Museum gelandet. Die alte Razzouk-Tätowiermaschine zum Beispiel war bis vor Kurzem im Jüdischen Museum Berlin zu bewundern, in einer Sonderausstellung, die sich ausschließlich mit Jerusalem beschäftigte. Und auch einige der alten Olivenholzstempel sind im Lauf der Jahre auf Reisen gegangen, sie befinden sich jetzt als kuriose Artefakte in Tattoo-Studios in San Francisco, Paris und Amsterdam. Großvater Yacoub hatte die Stempel damals gegen Tätowierequipment eingetauscht. Sollten Sie also zufällig über Tattoo-Vorlagen stolpern, die ein halbes Jahrtausend alt sind oder über eine skurrile Türglocken-Tätowiermaschine … jetzt kennen Sie die Geschichte dahinter.

Zweiter Nachtrag: Einige Wochen nach meiner Tattoo-Sitzung war ich zusammen mit meiner Mutter ein paar Tage am Toten Meer. Dieser Ausflug lässt sich problemlos mit einem der fast 3000 grünen Egged-Busse vom Jerusalemer Busbahnhof machen, und ich kann ihn nur wärmstens empfehlen. Warum erzähle ich diese Geschichte? Weil ich nach einigen Tagen am und im Toten Meer plötzlich Schmerzen am linken Oberarm bekam, genau dort, wo Wassim mir mein Tattoo gestochen hatte. Zurück in Deutschland musste ich sogar in die Notaufnahme eines Krankenhauses gehen, weil sich unter meiner Achsel plötzlich ein schmerzhafter Streifen gebildet hatte. Blutvergiftung? Mangelhafte Hygiene im Tattoo-Studio? Eingedrungene Keime aus dem Toten Meer?

Mitnichten. Meine Mutter hat seit ihrer Kindheit Hüftprobleme und hakt sich beim Spazierengehen immer gerne in meinen Arm ein, um sich abzustützen. Eine Woche die hüftkranke Mutter am Arm. Sowas kann – lachen Sie bitte nicht – zu einer Phlebitis, einer waschechten Venenentzündung führen. Was lernen wir daraus? Erstens: Mama braucht dringend eine neue künstliche Hüfte. Zweitens: Stefan ist ein sehr, sehr guter und liebevoller Sohn. Und drittens: Die hygienischen Bedingungen bei Wassim sind einwandfrei, Sie können sich bei ihm vollkommen gefahrlos ein Tattoo stechen lassen. Ein Tattoo mit der längsten Tradition der Welt. Seit 1300.

Selfie zur Verabschiedung: bis zum nächsten Tattoo

WAS?
Sich ein Tattoo stechen lassen im Täto-wiershop mit der weltweit längsten Familientradition

WO?
Razzouk Tattoo – Tattoo with Heritage. Since 1300
• 13 Greek Catholic Patriarchate Street, Old City of Jerusalem
Gehen Sie durch das Jaffator in die Altstadt, dann die zweite Straße links in die Greek Catholic Patriarchate Street. Nach wenigen Metern zweigt auf der rechten Seite die St. George Street ab, und Sie stehen direkt vor Wassims Tattoo-Shop.
www.razzouktattoo.com

WANN?
• Öffnungszeiten: Mo–Sa: 11–19 Uhr
Terminabsprache direkt im Shop, telefonisch oder per Mail:
Tel. +972 2535 3106
razzouk.ink@gmail.com

KOSTEN
• Die Kosten fallen je nach Größe des Motivs unterschiedlich aus. Verhandlungsbasis, faire Preise.

TIPPS

NOCH MEHR ECHTE HANDARBEIT AUS DEM HEILIGEN LAND

Armenian Pottery
Tolle Handwerkskunst und ein beliebtes Mitbringsel sind traditionelle armenische Töpferarbeiten – zu finden vor allem im Armenischen Viertel der Jerusalemer Altstadt.

Gegenüber der Jakobus-Kathedrale bietet zum Beispiel die **Familie Sandrouni** eine große Auswahl an Fliesen, Schalen, Tellern, Bechern und Tassen an. Auch Granatäpfel aus Keramik sind ein beliebtes Souvenir.

Im Christlichen Viertel, ganz in der Nähe des Neuen Tores (New Gate), befindet sich die Brennerei der Sandrounis.
• St. James Street
www.sandrouni.com

Palästinensische Handwerkstradition
Im Geschäft **Bint Al Balad** im Christlichen Viertel der Jerusalemer Altstadt finden Sie traditionell bestickte Kleidung, Handtaschen, Börsen und Kissen, die von Frauen aus den Palästinensergebieten hergestellt werden. Sie wollen so die palästinensische Handwerkskunst bewahren und bieten im angeschlossenen Café außerdem köstliche Pasteten und arabischen Kaffee an.
• HaAhkim Street
Mo–Sa 9–15 Uhr

Krippe aus Bethlehem
Rund um die Geburtsbasilika in Bethlehem – vor allem in der **Milk Grotto Street** > S. 118, die vom zentralen Krippenplatz (Manger Square) zur Milchgrotte (Milk Grotto) führt – gibt es Dutzende von Geschäften, die Krippen aus (Oliven-)Holz anbieten.

Es gibt sie in den unterschiedlichsten Größen, Formen und Designs. Aber eins ist sicher: Nirgendwo sonst auf der Welt ist die Krippe »originaler« als hier, wo ja das Weihnachtsfest der Überlieferung nach seinen Ursprung hat.
• Milk Grotto Street | Bethlehem

Zehntausende Namen: Diese Weihnachtsaktion ist weltweit einmalig

DORMITIO-ABTEI

Das wohl
weihnachtlichste
Weihnachtsgeschenk
der Welt

ICH TRAGE DEINEN NAMEN IN DIE HEILIGE NACHT

Eine Reise nach Jerusalem ist eigentlich undenkbar ohne einen Abstecher nach Bethlehem. Dort, wo heute die Geburtskirche steht, kam der Überlieferung nach vor gut 2000 Jahren Jesus Christus zur Welt. Ein silberner Stern, der täglich von Hunderten von Pilgern mit Küssen verehrt wird, zeigt die Stelle an.

Egal, wie und wo Menschen auf diesem Planeten leben, ob als Katholik in Argentinien oder als Lutheraner in Neuseeland, ob sie Pferdezüchter in Texas, Forscher in der Antarktis oder Astronaut auf der ISS sind: Praktisch die ganze Welt blickt in der Weihnachtszeit in Richtung Bethlehem. Was dort geschah, hat den Lauf der Geschichte grundlegend verändert: Josef aus Nazareth wandert zusammen mit seiner schwangeren Frau Maria nach Bethlehem, um an einer Volkszählung teilzunehmen. Die Wehen kommen, nirgendwo ist noch ein Platz frei, und so wird Jesus Christus, der Gottessohn, in einem Stall geboren. Die Stunde Null unserer Zeitrechnung. Auf dieses Ereignis bezieht sich die Jahreszahl, die Sie in Ihrem Kalender sehen.

Wie Sie selbst unkompliziert nach Bethlehem kommen – das ja nicht in Israel liegt, sondern im Palästinensergebiet –, das erkläre ich Ihnen im nächsten Kapitel. Da verrate ich Ihnen übrigens auch, mit welchem Trick Sie eine normalerweise verschlossene Tür innerhalb der Kirche öffnen können, hinter der an ein sehr grausames Ereignis erinnert wird.

Aber auch wenn Sie in diesem Augenblick zu Hause sitzen, mit diesem Buch in der Hand, und aus welchen Gründen auch immer nicht nach Bethlehem reisen können … Sie können trotzdem dorthin reisen! In diesem Kapitel geht es nämlich um eine weltweit einmalige Aktion für einen guten Zweck, den Sie übrigens durch den Kauf dieses Buches bereits finanziell unterstützt haben. »Ich trage Deinen Namen in die Heilige Nacht« ist das Motto der alljährlichen Weihnachtsaktion der Jerusalemer Benediktiner. Jedes Jahr, in der Nacht vom 24. auf den 25. Dezember, tragen die Mönche eine Namensrolle zum Geburtsort Jesu nach Bethlehem – zu dem Ort, auf den in dieser Nacht die gesamte christliche Welt blickt.

DIE ENTSCHLAFENE MARIA

Aber beginnen wir die Geschichte an unserem Ausgangspunkt, in Jerusalem. Bruder Natanael ist ein Riese. Ich bin mit 1,86 Meter ja selbst kein Winzling, doch Natanael ist noch einmal einen halben Kopf größer. Dazu hat er einen überaus kernigen Handschlag – bevor Bruder Natanael, der damals noch Michael hieß, ins Kloster ging, war er Tischler, und da muss man zupacken können.

Heute ist Bruder Natanael einer von aktuell 15 Benediktinermönchen, die zur deutschsprachigen Dormitio-Abtei auf dem Zionsberg in Jerusalem gehören. Der imposante Bau liegt nur wenige Schritte von der Altstadtmauer entfernt, wenn man das Armenische Viertel durch das Zionstor (Zion Gate) verlässt.

Für alle sprachlich Interessierten unter Ihnen: »Dormitio« leitet sich vom lateinischen Wort *dormire* ab, das »schlafen« oder auch »entschlafen« bedeutet. Die Gottesmutter Maria soll hier auf dem Zionsberg entschlafen, also gestorben sein. In der erst kürzlich renovierten Krypta der Dormitio-Abtei befindet sich deshalb eine Marienfigur in liegender Haltung. Hunderte Pilger kommen jeden Tag hierher, viele beten in Stille oder singen Marienlieder zum Lob der Mutter Gottes – eine uralte Tradition.

Die heutige Dormitio-Abtei selbst ist allerdings noch relativ jung. 1898 kam Kaiser Wilhelm II. nach Jerusalem, ließ sich das Grundstück mit einer verfallenen Kirche darauf von einem befreundeten Sultan schenken und übergab

Wo starb Maria? In Ephesus (in der heutigen Türkei) oder in Jerusalem? Die Jerusalemer Tradition ist die ältere. Entschlafene Maria in der Krypta der Dormitio-Abtei

Grund und Boden dem Deutschen Verein vom Heiligen Lande in Köln. 1900 fand die Grundsteinlegung statt, 1910 wurde die heutige Dormitio geweiht.

Im Vergleich zu den meisten anderen religiösen Gebäuden in Jerusalem ist dieser Bau also quasi gerade erst aus dem Ei geschlüpft. Trotzdem hat er schon eine bewegte Geschichte hinter sich. 1948, während des Palästinakriegs, kam der Abtei eine besondere Bedeutung zu. Das Kloster lag nämlich genau an der Frontlinie der Kämpfe und war deshalb völkerrechtliches Niemandsland. Heute wird es deshalb gerne als neutraler Boden für inoffizielle Gespräche zwischen Konfliktparteien genutzt. Der Benediktinerpater Dr. Nikodemus Schnabel hat ein bemerkenswertes Buch über diesen spannenden Ort geschrieben: »Zuhause im Niemandsland. Mein Leben im Kloster zwischen Israel und Palästina«, das ich Ihnen dringend an Herz legen möchte.

IM GESPRÄCH MIT BRUDER NATANAEL

Doch zurück zu Bruder Natanael. Ich treffe ihn am Nachmittag im beliebten Café der Abtei. Hier gibt es gekühlte Getränke, Kaffee und Kuchen – und kostenloses Internet. Der perfekte Ort also für viele Touristen und Pilger, um eine kurze Verschnaufpause einzulegen. Natanael ist der verantwortliche Mönch für dieses Café, und er ist gleichzeitig auch für die Weihnachtsaktion der Dormitio-Abtei zuständig.

> Über 70.000 Namen kommen auf eine Rolle, die in der Heiligen Nacht nach Bethlehem getragen wird.

Diese Aktion interessiert mich heute ganz besonders. Schon alleine deshalb, weil ich bereits seit einigen Jahren selbst Namen auf den Zionsberg schicke: die Namen meiner Familie, die Namen von Freunden. Jetzt habe ich die einmalige Gelegenheit, mehr über diese, wie ich finde, sehr schöne Weihnachtsaktion aus erster Hand zu erfahren.

Natanael, wer ist eigentlich auf die Idee gekommen, die Namen von Menschen nach Bethlehem zu tragen?
Es war schon immer so, dass die Mönche hier aus der Dormitio in der Heiligen Nacht nach Bethlehem gewandert sind. Pater Jakobus, ein damaliger Mitbruder, trug immer eine Liste bei sich, auf die er die Namen seiner Freunde und Familienangehörigen geschrieben hatte. Es gibt auch einen offiziellen »Freundeskreis der Dormitio«. Und auch die Namen dieser Unterstützer hat er damals mit nach Bethlehem ge-

nommen. Das ist jetzt elf Jahre her, es begann alles relativ klein. Aber mittlerweile ist unsere Aktion wirklich groß geworden. In der letzten Heiligen Nacht konnten wir über 70 000 Namen nach Bethlehem tragen.

Warum, glaubst Du, ist Eure Aktion so unglaublich erfolgreich?

Wir verschicken zwar Werbeflyer, aber ich denke, dass unser Erfolgsgeheimnis vor allem die Mund-zu-Mund-Propaganda ist. Wenn ich die Aktion gut finde, weil sie mir etwas bedeutet, dann erzähle ich davon gerne weiter. Viele Menschen nutzen unsere Aktion auch als Geschenk und sagen unterm Weihnachtsbaum: Dein Name wird in dieser Heiligen Nacht nach Bethlehem getragen. Und derjenige, der beschenkt wurde, macht im nächsten Jahr vielleicht selber mit – als Schenkender.

Genauso mache ich es auch. Und alle, die von mir beschenkt werden, sagen immer, dass es für sie ein sehr wertvolles Weihnachtsgeschenk sei. Warum ist der Name für uns Menschen eigentlich so bedeutsam?

Wir sind alle von Gott mit unserem Namen gerufen. Und weil uns Gott auf diese Weise ruft, mit unserem Namen, genau deshalb sind wir einzigartig. Den eigenen Namen auf dem Geburtsstern Jesu zu wissen, ist für viele etwas sehr Besonderes. Vor allem Menschen, die alt sind oder ein Gebrechen haben und nicht mehr selbst ins Heilige Land reisen können, denen bedeutet unsere Aktion unglaublich viel. Wir sind immer wieder überwältigt von der Resonanz.

Eure Weihnachtsaktion ist ja gleichzeitig auch eine Spendenaktion. Allerdings auf freiwilliger Basis …

Ja, 130 000 Euro sind im letzten Jahr zusammengekommen, das ist echt der Wahnsinn. Man muss nicht spenden, das sagen wir auch ganz explizit, aber man kann spenden. Bei uns geht es vor allem um die Namen. Dass man Leute benennen kann, die einem am Herzen liegen, für die man beten möchte. Oder mit denen es vielleicht gerade nicht so gut läuft, mit denen man sich fürs nächste Jahr eine bessere Beziehung erhofft. Vieles von dem, was uns in Briefen genannt wird, hat natürlich auch mit dem Thema Gesundheit zu tun: Meinem Sohn, meiner Tochter, meinem Mann, meiner Familie geht es nicht so gut. Und es wäre schön, wenn Ihr dieses Anliegen mit Euch tragen könntet in der Heiligen Nacht.

Was passiert mit dem gespendeten Geld?

Es wird für karitative Zwecke verwendet. An unserer Klostertür klopfen immer wieder Leute aus Jerusalem an, die in Not sind – bei denen eine Operation ansteht oder wo die Miete gezahlt werden muss, wo die Heizkosten nicht mehr beglichen werden können. Egal ob christlich oder nicht – es sind Menschen, die uns um Hilfe bitten und die wir mit diesem Geld unterstützen können. Ein großer Teil des Spendengeldes geht aber auch an verschiedene Projekte in Bethlehem. Im letzten Jahr konnten wir sieben Einrichtungen unterstützen, darunter ein Rehabilitations-

Architektonische Vorbilder der imposanten Dormitio-Abtei auf dem Zionsberg waren der Aachener Dom und St. Gereon in Köln

zentrum, eine Blindenschule und ein Waisenhaus. Und die Spenden kommen garantiert an, ich bringe sie selbst dorthin.

Du kümmerst Dich ja in besonderem Maße um dieses Projekt; wie viel Arbeit steckt eigentlich dahinter?
Ende Oktober fangen wir mit der Gestaltung der Werbeflyer an. Diese Flyer kann man uns dann per Post zurückschicken, zusammen mit den Namen, die auf die Rolle sollen. Aber es geht natürlich auch per E-Mail oder über unsere Website, dieser Weg ist für uns am einfachsten. Ab Ende November fangen wir dann an, die Namen in eine Excel-Tabelle einzutragen, daran sitze ich dann gemeinsam mit zwei Volontären. Dahinter steckt schon ein wahnsinniger Arbeitsaufwand, den ganzen Dezember lang. Und ich bin immer ein bisschen nervös: Noch so ein großer Haufen Post, hoffentlich schaffen wir das. Aber ich mache das jetzt bereits seit fünf Jahren – und bislang hat immer alles gut funktioniert.

Gibt es eine Deadline, bis wann die Namen bei Euch angekommen sein müssen?
Wir sagen immer: bis zum 18. oder 19. Dezember. Aber wir versuchen natürlich, wirklich alle Namen mitzunehmen und gucken auch am 24. noch einmal in die Mailbox, bevor wir nach Bethlehem wandern. Und ganz ehrlich, ich bin schon immer sehr erleichtert, wenn dann alle Namen tatsächlich drauf sind. Während der Weihnachtsoktav, also in der Woche nach Weihnachten, liegt die Rolle übrigens hier bei uns in der Abteikirche, an der Krippe. Und im Rest des Jahres im Kapitelsaal.

IM KLAUSURBEREICH
Ob ich die Rolle wohl mal sehen dürfe, frage ich Natanael vorsichtig. Denn mir ist bewusst, dass der Kapitelsaal eigentlich nicht öffentlich zugänglich ist. Hier tagt regelmäßig das Kapitel, also die gesamte klösterliche Gemeinschaft, um Entscheidungen zu treffen. Und meist befindet sich der Kapitelsaal innerhalb der Klausur, das heißt in jenem Bereich des Klosters, der eigentlich nur den

Mönchen vorbehalten ist. Aber er könne hier wohl mal eine Ausnahme machen, lächelt Natanael.

Telefonisch holt er die Erlaubnis beim Prior der Abtei ein. Wir gehen aus dem Café hinaus in Richtung Kirche, biegen jedoch nicht nach links ab wie alle anderen Besucher an diesem Tag, sondern gehen nach rechts, in Richtung des Klausurbereiches. »Klausur« kommt vom lateinischen Wort *claudere*, schließen. Natanael fischt unter seinem schwarzen Habit einen großen Schlüsselbund hervor, um mich in den Klausurbereich einzulassen.

Falls Sie jetzt erwartet haben, hier in eine komplett andere Welt einzutreten, muss ich Sie enttäuschen. Hinter dieser Tür sieht es ganz genauso aus wie davor.

Wir gehen einige Schritte weiter und biegen in den Kapitelsaal ab, einen schönen, aber unerwartet schlichten Raum, an dessen rechter Seite in einer Nische ein hölzernes Lesepult mit einer geöffneten Bibel steht. Links daneben eine Osterkerze, mittig in der Nische eine Ikone, die die Entschlafung Mariens zeigt. Und unten auf dem Boden liegt sie, die besagte Rolle – mit insgesamt 73 255 Namen, wie handschriftlich am Ende der langen Liste vermerkt ist. Ich darf die Rolle in die Hand nehmen, sie ist schwerer als vermutet … und ich lese vor allem viele deutsche Namen.

ZWEI UHR IN DER HEILIGEN NACHT

Wer macht bei Eurer Weihnachtsaktion mit?
Ein Großteil der Menschen stammt tatsächlich aus dem deutschsprachigen Raum – wir sind ja ein deutschsprachiger Konvent –, also: Deutschland, Österreich, die Schweiz, Luxemburg, Belgien. Es gibt aber auch Anfragen aus Island und Kanada. Und wir haben viele Kroaten auf der Liste.

Das ist ganz lustig: Die kroatische Bischofskonferenz hat einmal unsere Aktion auf ihre Homepage gestellt, wir wussten davon nichts. Und als ich eines Morgens meinen Computer einschaltete, hatte ich plötzlich 1000 E-Mails, alle aus Kroatien. Da musste ich erstmal recherchieren, wie und warum die alle zu uns kamen.

Gibt es auch exotische Nachrichten?
Es gibt Missionsschwestern, die uns E-Mails mit chinesischen und japanischen Schriftzeichen schicken. Die können wir, nun ja, nicht ganz genau entziffern *(Natanael lacht)*. Aber man kann durchaus erkennen, wann ein Name endet, und der nächste beginnt. Diese chinesischen und japanischen Namen zählen wir dann natürlich mit, drucken sie aus und kleben sie einfach in unsere Rolle hinein.

Wie sieht die Heilige Nacht hier in der Dormitio aus?
Um 20 Uhr am Heiligen Abend feiern wir den Weihnachtsgottesdienst für die Einheimischen und alle deutschsprachigen Pilger. Um Mitternacht folgt dann eine Vigilfeier mit Weihnachtstexten auf Englisch, Hebräisch und Deutsch. Dazu kommen dann auch viele Menschen von außerhalb, sogar aus Tel Aviv. Und zwar nicht

nur Christen, sondern auch viele Juden, weil sie »echte deutsche Weihnachten« miterleben wollen – mit Weihnachtsbaum, Weihrauch, »Stille Nacht, Heilige Nacht« und allem, was dazugehört. Danach gibt's in unserer Cafeteria für alle eine kleine Stärkung: etwas zu essen, aber vor allem jede Menge Kaffee, um wach zu bleiben …

Und dann macht Ihr Euch vermutlich bereit für die Wanderung nach Bethlehem. Wie läuft das ab?
Um zwei Uhr morgens segnen wir die Namensrolle bei uns in der Kirche. Sie wird komplett ausgerollt, wir sprechen ein Gebet für alle Personen auf der Liste, rollen sie wieder ein und machen uns dann auf den Weg. Letztes Jahr gab es einen Rekord, da waren 200 Leute mit dabei. Die Grenzmauer zwischen Israel und Palästina ist in dieser Nacht übrigens kein großes Problem. Einige Soldaten haben sogar Weihnachtsmützen auf und wünschen Merry Christmas.

Kannst Du die Stimmung unterwegs beschreiben? Ist es sehr ruhig oder wird viel geredet?
Beides. Es wird sich unterhalten, klar. Aber auf dem zwölf Kilometer langen Fußweg machen wir zwischendurch auch dreimal Station – wir halten bewusst an, halten inne, um nochmal für die Personen auf der Rolle zu beten.

Und die Rolle wandert. Jeder trägt sie mal. Wenn wir dann dem Ziel näher kommen, ungefähr nach zweieinhalb Stunden, dann bitten wir um Ruhe. Damit jeder nochmal die Dinge ins Gebet nehmen kann, die für ihn wichtig sind: Was ihn gerade bewegt, was er zum Geburtsort tragen möchte. Dann ist es wirklich ruhig und schön. Wir haben in Bethlehem die Hieronymus-Grotte, unterhalb der Geburtskirche, für uns alleine. Dort beten wir gemeinsam die Laudes, das Morgenlob. Danach gehen wir in die Geburtsgrotte selbst, jeder Teilnehmer kann dort noch einmal niederknien. Ganz zum Schluss legt unser Abt die Rolle auf den Geburtsstern, den Geburtsort Jesu. Dort spricht er noch einmal ein Gebet für alle Personen auf der Liste.

Millionen von Christen weltweit schauen dann nach Bethlehem. Und Ihr wandert genau in dieser Heiligen Nacht zu ebenjener Stelle, die als Geburtsort Jesu verehrt wird. Wie fühlt sich das an?
Das ist einerseits total surreal. Weil ich, bevor ich nach Jerusalem kam, gar nicht wusste, dass die Entfernung zwischen Jerusalem und Bethlehem so gering ist, dass man da nachts einfach rüberlaufen kann.

Aber natürlich habe ich während der Wanderung auch immer die Menschen im Hinterkopf, die uns geschrieben haben. Ihre Anliegen, ihre Sorgen um die Zukunft, Sorgen um die Gesundheit ihrer Kinder. All diese E-Mails und Briefe, die ich gelesen habe. Auch die Fotos, die man uns schickt: Mein behinderter Sohn, er wäre gerne dabei. All diese Nachrichten nehme ich mit und trage sie ganz nah bei mir auf dem Weg nach Bethlehem.

Was bedeutet Dir diese Nacht ganz persönlich?

Natürlich habe auch ich Anliegen, die ich zur Geburtsgrotte bringe und mir dann wünsche, dass sie Wirklichkeit – dass sie geboren werden. Und ich bin dankbar. Am Anfang ist alles sehr viel Organisation, aber am Schluss kommt die Erleichterung, dass alles geklappt hat. Im letzten Jahr ist eine Frau mit uns gewandert, die an Krebs leidet. Sie hat unterwegs auch die Rolle getragen. Und sie sagte zu mir: »Dadurch, dass ich diese vielen Namen trage, wird mein eigenes Leid viel kleiner, es ist nicht mehr so absolut.« Die Wanderung hat ihr wirklich sehr gutgetan. Und das ist natürlich ein schönes, ein sehr erfüllendes Gefühl.

VIELLEICHT AUCH EIN WEIHNACHTSGESCHENK FÜR SIE?

Natanael und ich, wir legen die Rolle mit den Namen wieder vorsichtig zurück auf den Boden. Er öffnet mir die Tür, die mich aus der Klausur entlässt, hinaus in die Welt.

Wir verabschieden uns voneinander, diesmal nicht mit einem kräftigen Händedruck, sondern mit einer freundschaftlichen Umarmung. Wir beide wissen, dass die Mönche der Dormitio auch am nächsten Weihnachtsfest wieder meinen Namen – und die Namen meiner Liebsten – durch die Heilige Nacht tragen werden. Zusammen mit Tausenden anderer Namen aus der ganzen Welt. Und wer weiß: Vielleicht ist ja auch Ihr Name mit dabei. Es ist auf jeden Fall ein Weihnachtsgeschenk, für das Sie nicht hektisch durch überfüllte Innenstädte rennen müssen. Ein Weihnachtsgeschenk, mit dem Sie, wenn Sie auch ein wenig spenden möchten, gleichzeitig noch etwas Gutes tun können.

Über 70 000 Namen sind in der Rolle verzeichnet, und jedes Jahr werden es mehr

WAS?

Ein ungewöhnliches und wertvolles Weihnachtsgeschenk. Die Benediktiner-mönche der deutschsprachigen Dormitio-Abtei auf dem Zionsberg in Jerusalem tragen jedes Jahr in der Heiligen Nacht eine Namensrolle nach Bethlehem. Wer freiwillig spenden möchte, unterstützt damit karitative Projekte in Jerusalem und Bethlehem.

WIE?

• Einen Werbeflyer zurückschicken mit den Namen, die nach Bethlehem getragen werden sollen. Der schnellere und auch für die Mönche sehr viel einfachere Weg ist ein Onlineformular.

NICHT VERPASSEN

• Die Dormitio-Abtei auf dem Zionsberg mit ihrem beeindruckenden Apsismosaik im Chorraum der Basilika und der »Entschlafung Mariens« in der Krypta ist definitiv einen Besuch wert. Berühmt ist die Dormitio aber auch für das ökumenische »Theologische Studienjahr« (www.studienjahr.de): Ausgewählte Studierende können zwei Semester lang in der Heiligen Stadt lernen und in Exkursionen das Land erkunden. Viele angesehene Wissenschaftler sind aus dieser Kaderschmiede hervorgegangen. Das Abteicafé bietet neben Kaffee, Kuchen und Getränken auch einen kostenfreien Internetzugang. Im gut sortierten Klostershop verkaufen die Mönche Bücher, Souvenirs und Religiöses.

Alle Infos zur Namensaktion und was mit den Spendengeldern geschieht finden Sie unter: www.dormitio.net/abtei/weihnachtsaktion/index.html

WO?

• **Dormitio-Abtei auf dem Zionsberg**
Das Armenische Viertel durch das Zionstor (Zion Gate) verlassen und der Beschilderung »Dormition Abbey« folgen. Nach wenigen Schritten ist man bei den deutschsprachigen Benediktinern.
Dormition Abbey, Mount Sion
P.O.B. 22, 9100001 Jerusalem, Israel
Tel.: +972 2 5655 330
abtei@dormitio.net
www.dormitio.net
• Zur Dormitio-Abtei gehört noch das **Priorat Tabgha** am See Genezareth, mit der Brotvermehrungskirche. Ein wunderschöner, idyllischer Ort, der unbedingt eine Reise wert ist.

Mehr über lohnende Ausflüge im Heiligen Land ▸ S. 124.

WANN?

• Öffnungszeiten der Basilika: werktags 9–17.30, So 11.30–17.30 Uhr
• Gottesdienste an Werktagen:
6 Uhr Vigil, 7 Uhr Eucharistiefeier mit Laudes, 12.15 Uhr Mittagshore, 18.15 Uhr Vesper, 20 Uhr Komplet
• Gottesdienste an Sonn- und Feiertagen:
7 Uhr Laudes, 10 Uhr Hochamt, 12.15 Uhr Mittagshore, 18.15 Uhr Vesper, 20 Uhr Komplet
• Öffnungszeiten von Café und Klosterladen:
werktags 9–17, So 11.30–17 Uhr

TIPPS

DREIMAL WEIHNACHTEN FEIERN

Sie lieben das Weihnachtsfest? Dann sind Sie in Jerusalem und Bethlehem genau richtig. Denn wohl nur hier haben Sie die Möglichkeit, gleich dreimal hintereinander Weihnachten zu feiern. Das liegt an den verschiedenen christlichen Konfessionen, die zu unterschiedlichen Terminen das Fest begehen. Kalenderreform und Traditionsunterschied sei Dank.

Die römisch-katholischen Christen – im Heiligen Land oft nur »Lateiner« genannt – feiern zusammen mit den evangelischen Gemeinschaften das Weihnachtsfest am 25. Dezember – nach unserem heutigen gregorianischen Kalender. Die Feierlichkeiten beginnen bereits am 24. Dezember (Heiligabend) mit dem Einzug des Lateinischen Patriarchen in Bethlehem.

Die orthodoxen Christen im Heiligen Land feiern ihr Weihnachtsfest nach dem alten julianischen Kalender, der dem gregorianischen Kalender um 13 Tage nachhinkt. Weihnachten wird bei den Orthodoxen also im Grunde genommen auch am 25. Dezember gefeiert, allerdings zeigt unser bürgerlicher »Normalkalender« dann bereits den 7. Januar an. Auch hier beginnen die Feierlichkeiten bereits am Vorabend, also am 6. Januar.

Das späteste Weihnachtsfest feiern die armenischen Christen. Im Heiligen Land folgen sie ebenfalls dem alten julianischen Kalender. Bemerkenswert ist aber, dass die armenische Kirche ein Weihnachtsfest am 25. Dezember nicht kennt, sondern am 6. Januar feiert – nach altem Kalender wohlgemerkt. Armenische Weihnachten fallen also

auf den 19. Januar im »Normalkalender«. Die Feiern beginnen hier ebenso am Vortag in Bethlehem.

Wenn Sie auch das restliche Jahr über Weihnachtsstimmung spüren wollen, besuchen Sie die erstaunliche Krippenausstellung der Salesianer in Bethlehem, nur wenige Gehminuten von der Geburtsbasilika entfernt. Das Museum zeigt mehr als 200 außergewöhnliche Krippen aus der ganzen Welt: Besonders die afrikanischen und asiatischen Krippendarstellungen sind für europäische Augen ziemlich ungewohnt.

Obwohl das Museum relativ zentral liegt, verirren sich nur wenige Pilger und Touristen hierher. Deshalb gibt es auch keine generellen Öffnungszeiten. Im Zeitfenster zwischen 8 und 21.30 Uhr kann man unter der Telefonnummer +970 59 891 1555 um Öffnung des Museums bitten. Eine anschließende Spende wird gerne gesehen.
International Nativity Museum
• Madbaseh Street, Bethlehem
  nativitymuseum@salesianbethlehem.com
  www.internationalnativitymuseum.com

Wie die Weihnachtsszene in anderen Teilen der Welt aussieht, zeigt das Krippenmuseum

Der 14-zackige Silberstern markiert den
Geburtsort Jesu in der Geburtskirche

GEBURTSKIRCHE
BETHLEHEM

Auf dem Weg zur
Krippe erwartet uns
eine erstaunliche
Entdeckung...

GRAUSIGES IN DER VERBORGENEN KAPELLE

Geburt und Tod, diese beiden extremen Pole unserer Existenz, haben eine besondere Bedeutung in Bethlehem, dem Ort, der die Geschichte der Menschheit entscheidend verändert hat.

Zwei kleine Warnungen zu Anfang. Falls Sie beim Wort »Weihnachten« vor Ihrem geistigen Auge einen Weihnachtsmann mit roter Mütze in einer Schneelandschaft sehen, zusammen mit Rudolph, dem rotnasigen Rentier … da muss ich Sie enttäuschen. Zweite Warnung: Es wird später ein wenig gruselig in diesem Kapitel, denn es geht um die Angst eines Königs, um Macht und um Mord.

Aber keine Sorge, es bleibt nicht allzu düster, denn auch um Verheißung und Erlösung soll es sich heute drehen.

FAHRT INS WESTJORDANLAND

Packen Sie Ihren Reisepass ein, den brauchen Sie heute – zusammen mit dem kleinen hellblauen Papiervisum, das Sie bei Ihrer Einreise am Flughafen Ben Gurion bekommen haben –, denn um das nur zwölf Kilometer entfernte Bethlehem zu besuchen, müssen wir ins Palästinensergebiet.

Nun könnten Sie sich in Jerusalem ganz bequem in ein Taxi setzen oder an einer geführten Tour teilnehmen. Mein Tipp ist jedoch: Fahren Sie mit dem Bus, das wird Ihnen ein besseres Gefühl für den Alltag der Menschen in dieser Region geben, ein Gespür dafür, was es bedeutet, die Grenze zwischen Israel und dem Palästinensergebiet passieren zu müssen – jene umstrittene Grenze, die mit einer hohen Betonmauer die Menschen voneinander trennt.

Der israelische Spitzenkoch Moshe Basson, der sich seit vielen Jahren für Frieden zwischen Israelis und Palästinensern einsetzt (› Kapitel 3, S. 38), sagte zu mir im Interview: »Ich bin für diese Mauer, Stefan, aber gleichzeitig bin ich auch gegen diese Mauer. Warum dafür? Weil mit ihr die Bomben und der Terror gestoppt wurden, und zwar augenblicklich. Aber ich bin auch gegen die Mauer. Warum? Weil die Menschen auf beiden Seiten die unterschiedlichsten Dinge hören, in der Schule, in der Moschee. Gerade junge Menschen lassen sich so sehr beeinflussen von dem, was sie von Erwachsenen hören.«

Damit ist die Brisanz des Nahostkonflikts aus erster Hand umrissen, das Für und Wider der Mauer, die verschiedenen Täter- und Opfernarrative auf beiden Seiten, das Unversöhnliche und Hasserfüllte über Generationen hinweg. Es würde den Umfang dieses Buches sprengen und dem Konflikt nicht annähernd gerecht werden, würde ich eine Einordnung der unterschiedlichen Positionen versuchen. Aber ich möchte dazu ermutigen, mit den Menschen vor Ort zu sprechen, und zwar auf beiden Seiten der Mauer. Sie und ich, wir werden diesen Konflikt nicht befrieden können. Aber zumindest können wir zuhören und versuchen, die Argumente und Sichtweisen der Menschen auf beiden Seiten besser zu verstehen.

Wir treffen uns am arabischen Busbahnhof HaNeviim, der quasi direkt gegenüber dem Damaskustor liegt. Von hier fahren regelmäßig Busse in Richtung der Palästinensergebiete – nach Ramallah, Nablus und Jericho zum Beispiel. Und eben auch nach Bethlehem. Wir nehmen den Bus Nummer 231, für 6,80 Schekel pro Person und Strecke. »Beit Jala« steht auf der Anzeigetafel. Dieser Bus hat zwar keine genauen Abfahrtszeiten, fährt dafür aber in recht enger Taktung in Richtung Bethlehem. Er überquert ohne Kontrolle die Grenze und

Krippenplatz in Bethlehem zur Weihnachtszeit

erreicht – je nach Verkehrslage – nach 30–40 Minuten Fahrt den Bab-Iz-Qak-Platz in Bethlehem.

Die Rückfahrt geht übrigens vom selben Platz ab. Dann allerdings findet unterwegs eine Kontrolle statt: Alle palästinensischen Fahrgäste müssen an der Grenzstation aussteigen und werden außerhalb des Busses kontrolliert. Sie als Tourist bleiben im Bus sitzen und zeigen Ihren Pass vor, der von israelischen Beamten inspiziert wird.

DER WEG FÜHRT ÜBER DEN MARKT

Aber jetzt sind wir ja erst einmal in Bethlehem angekommen. Aus dem Bus ausgestiegen, werden wir sofort von Taxifahrern bestürmt, die uns versichern, dass es zu Fuß zur Geburtsbasilika viel zu weit sei.

Natürlich könnten Sie jetzt ein Taxi nehmen und damit auch die Menschen hier finanziell unterstützen. Mein Tipp ist jedoch: Kaufen Sie lieber später eine originale Bethlehemkrippe als Erinnerung und sorgen Sie auf diese Weise für Arbeitsplätze – aber gehen Sie jetzt lieber zu Fuß ins Zentrum von Bethlehem. Denn so können Sie das authentische Treiben auf einem palästinensischen Markt erleben.

Vom Bab-Iz-Qak-Platz gehen wir rund 50 Meter in Fahrtrichtung weiter und biegen dann links in die Pope-Paul-VI-Street ab, die ein wenig ansteigt. Für alle,

Katharinenkirche mit der Statue des heiligen Hieronymus

die einigermaßen gut zu Fuß sind, ist es nur rund eine Viertelstunde durch den arabischen Markt. An einer Abzweigung müssen Sie sich zwischen rechts und links entscheiden. Nehmen Sie den linken Weg, vorbei an der evangelischen Weihnachtskirche – dieses Wort steht tatsächlich auf Deutsch auf dem Schild –, und nach einigen Minuten, an denen Sie an Obst und Gemüse, Kleidung und Küchengeräten, Falafelständen und solchen mit frischem Granatapfelsaft vorbeischlendern, stehen Sie auf dem zentralen Manger Square.

Manger (das spricht sich tatsächlich »Mäindscha«, nicht »Mänga«) ist englisch für Krippe. Vor uns liegt die älteste, ununterbrochen genutzte Kirche im Heiligen Land, die Geburtskirche Jesu.

IN DER MILCHGROTTE

Doch bevor wir hineingehen machen wir noch einen kleinen Abstecher: Am Manger Square gehen wir rechter Hand in die Milk Grotto Street. Hier reihen sich Dutzende Shops aneinander, die Krippen aus (Oliven-)Holz in allen Formen, Farben und Größen anbieten. Sagenhaft große Krippen, aber auch Krippen, die so klein sind, dass sie genau in eine Nussschale passen. Wohl nirgendwo sonst auf der Welt ist die Auswahl größer und die Krippe »originaler« als hier in Bethlehem.

Am Ende der Milk Grotto Street befindet sich auf der rechten Seite die sogenannte Milchgrotte (Milk Grotto Chapel). Der Legende nach sollen sich Maria und Josef mit dem neugeborenen Jesuskind auf der Flucht nach Ägypten hier versteckt haben, weil sie die Kindertötung des Herodes fürchteten (dieses Thema wird uns später noch einmal begegnen). Maria soll in der Höhle den kleinen Jesus gestillt haben, ein Milchtropfen fiel in die Grotte, die sich daraufhin komplett weiß einfärbte, so die fromme Sage.

Heute kommen Paare aus der ganzen Welt hierher, die einen unerfüllten Kinderwunsch haben. Sie beten um Nachwuchs und kaufen sich im Klostergeschäft ein kleines Plastiktütchen mit weißem Kalkstein aus der Grotte. Dieser Kalk soll – aufgelöst in Wasser – für Kindersegen sorgen. Wer's glaubt, wird schwanger, könnte man zynisch sagen.

DER ORDEN DER SAKRAMENTINERINNEN

Aber Sie werden es merken: Der Glaube wird hier im Heiligen Land mitunter viel intensiver erlebt als anderswo. Manche Menschen geben ihr gesamtes Leben für den Glauben hin, und zwar Tag für Tag. In einem modernen Anbau der Milchgrotte ist das Allerheiligste zu sehen, eine konsekrierte Hostie in einer großen, reich verzierten Monstranz. Vor ihr kniet eine Nonne. Abwechselnd mit ihren 14 Mitschwestern des Ordens der Sakramentinerinnen betet sie hier – rund um die Uhr. Diese Nonnen verlassen ihr Kloster niemals, außer bei schweren gesundheitlichen Problemen. Abgeschottet von der Welt widmen sie ihr gesamtes Leben dem Gebet. Die Nonnen selbst betrachten ihren Lebensentwurf aber keineswegs als Gefängnis, sondern als Berufung und haben sich aus freien Stücken dafür entschieden.

Das mag man befremdlich und skurril finden, klar, aber was halten Sie von dieser Perspektive: Es gibt Menschen in unserer egozentrischen Instagram-Zeit, die es schaffen, ihr Ich ganz bewusst zurückzustellen, weil sie an etwas Größeres glauben. Und für diesen Blick auf die Welt – dass sich die Welt eben nicht immer nur um unsere persönlichen Befindlichkeiten drehen muss – bin ich jedes Mal sehr dankbar, wenn ich an diesen Ort komme.

DIE KATHARINENKIRCHE

Wir gehen zurück zum Krippenplatz, dem Manger Square. Vor uns liegen nun zwei weltberühmte Kirchen, die zwar vollkommen unterschiedlich sind, aber baulich praktisch nahtlos ineinander übergehen. Auf der rechten Seite die fes-

Ein Tropfen Muttermilch soll diese Grotte weiß gefärbt haben. Sowohl Paare mit Kinderwunsch als auch Schwangere pilgern hierher

tungsartige Geburtsbasilika, deren Ursprünge auf das Jahr 325 zurückgehen. Links daneben die Katharinenkirche aus dem Jahr 1882.

Aus dieser hellen, modernen Kirche wird am 24. Dezember, dem Heiligen Abend, immer der Weihnachtsgottesdienst in die ganze Welt übertragen. Die Franziskanerbrüder begrüßen uns hier direkt mit einem frommen Wunsch, der aber – Achtung Wortspiel! – kein frommer Wunsch bleiben muss. Auf einem Schild an der Eingangstür steht: »Wenn Sie als Tourist eintreten, gehen Sie hoffentlich als Pilger. Wenn Sie als Pilger eintreten, gehen Sie hoffentlich als einer, der heiliger geworden ist.« Und wenn es tatsächlich stimmt, dass Orte eine Ausstrahlung haben, dass Steine über die Jahrhunderte »durchbetet« werden können, dann stehen die Chancen auf ein bisschen Heiligerwerden hier in Bethlehem ziemlich gut. Denn unterhalb der Katharinenkirche befinden sich Höhlen, in denen der heilige Hieronymus gelebt und gearbeitet hat. Der Überlieferung nach hat er hier ab dem Jahr 386 die Vulgata geschrieben, die erste lateinische Version der Bibel. Diese Steine sind also wirklich durchbetet worden, und zwar jahrhundertelang.

Kopf einziehen! Durch die Demutspforte geht es in die Geburtskirche

GEBÜCKT INS HEILIGTUM

Zurück an der frischen Luft auf dem Manger Square wollen wir nun endlich in die Geburtskirche hinein. Aber wo ist denn hier die Tür? Ja, das da vorne ist tatsächlich der Eingang zu einer der wichtigsten Kirchen der Christenheit. Dieser nur 120 Zentimeter niedrige, und 78 Zentimeter schmale Zugang ist der kleinste Kircheneingang der Welt. Demütig vor dem unfassbaren Geschehen soll man werden – vor dem Unbegreiflichen, dass Gott Mensch geworden ist. Deshalb müssen wir tief gebeugt durch die Demutspforte eintreten.

So lautet zumindest die eine Lesart dieses Eingangs. Die andere besagt: Man wollte damals verhindern, dass Ross und Reiter ungehindert in die Kirche einfallen können, oder dass das Gotteshaus als Kamelstall missbraucht wird. Was auch immer der Grund für diesen seltsamen Eingang ist: Der extrem abgewetzte Stein innerhalb der Pforte beweist, dass bereits seit vielen Jahrhunderten Millionen von Menschen hierher gekommen sind. Aus religiöser Verehrung, aus Neugier oder einfach nur, weil dieser Ort unsere Zeitrechnung bestimmt hat.

Das Innere der Basilika strahlt seit einiger Zeit im neuen Glanz. Die weltbekannten Mosaiken aus der Kreuzfahrerzeit – man sieht sie oben in einem Mosaikband im Mittelschiff – wurden jahrelang aufwendig restauriert. Und auch zu unseren Füßen wartet Beeindruckendes: Holzklappen im Boden geben den Blick frei auf Reste von Mosaiken aus dem 4. Jahrhundert, äußerst kostbare und seltene Kunstschätze, die vor der Zerstörung bewahrt wurden.

Wenn Sie Glück haben, dann ist nicht allzu viel los an diesem Ort. Wenn Sie Pech haben und in der Hauptsaison mehrere Pilgergruppen gleichzeitig in die Geburtskirche einfallen, dann müssen Sie eine halbe, manchmal sogar eine ganze Stunde warten, um in die Geburtsgrotte unterhalb der Kirche zu gelangen. Dort markiert ein 14-zackiger Silberstern die Stelle, an der Jesus Christus geboren worden sein soll.

DER BETHLEHEMITISCHE KINDERMORD

Aber bevor es zur Geburtsgrotte hinabgeht, wartet noch die von mir versprochene Kapelle auf Sie. Eine verborgene Kapelle, die für die meisten Besucher verschlossen bleibt. Sie wird von den griechisch-orthodoxen Mönchen innerhalb der Kirche verwaltet und ist einem grausamen Ereignis gewidmet. Erinnern Sie sich noch daran, dass sich die Heilige Familie aus Angst vor dem Kindermord in der Milchgrotte versteckt hielt?

Hier ist die Kurzversion der Geschichte dahinter. Im Matthäus-Evangelium wird berichtet: Die Heiligen Drei Könige – die Sterndeuter – folgen dem Stern nach Bethlehem, finden dort Jesus Christus in der Krippe und huldigen ihm als dem »neugeborenen König der Juden«. Losgeschickt hatte die Sterndeuter König Herodes, denn sie hatten ihm vorher von dem möglichen neuen König erzählt. Das bedeutete für Herodes natürlich eine Bedrohung seiner eigenen Macht. Als die Sterndeuter nicht zu Herodes zurückkehrten, um Bericht zu erstatten – sie waren in einem Traum vor der Rückkehr gewarnt worden –, wurde der König zornig, »und er ließ in Bethlehem und der ganzen Umgebung alle Knaben bis zum Alter von zwei Jahren töten«, wie die Bibel berichtet.

Um diesen grausamen Kindermord geht es also in der Kapelle, in die wir jetzt hineinwollen. Kurz vor dem Eingang zur Geburtsgrotte verkaufen griechisch-orthodoxe Mönche verschiedene religiöse Dinge: Kerzen, Heiligenbilder, Gebetsketten. Mein Tipp: Fragen Sie hier höflich nach, ob es wohl möglich sei, die Kapelle des Kindermordes (Massacre of the Innocents) zu sehen.

Wenn Sie Glück haben, ist Father Issa in der Nähe, ein überaus freundlicher griechisch-orthodoxer Geistlicher. Er ist bereits seit sieben Jahren Priester in der Geburtskirche, verheiratet und hat zwei Kinder, Natalia und Michael. Ja, in der orthodoxen Welt dürfen Priester ganz offiziell eine Familie haben. Bei ihm

Father Issa zeigt in der verborgenen Kapelle einen Schaukasten mit Kinderknochen

stehen die Chancen nicht schlecht, dass er Sie in die normalerweise verschlossene Kapelle bringt. Machen Sie sich bereit für ein bisschen Gänsehaut.

Innerhalb dieser Kapelle erwarten Sie in einer Höhle Berge von Menschenknochen. Große Knochen, vermutlich Oberschenkel, kleinere Knochen von Armen und Unterschenkeln, und einige menschliche Schädel. Direkt vor dieser Knochenhöhle befinden sich in Hüfthöhe zwei Schaukästen. Darin liegen, auf Stofftüchern ausgebreitet, einige Knöchelchen. Kein Zweifel, diese menschlichen Gebeine stammen von Kleinkindern. Was für ein trauriger Anblick.

Wie alt all diese Knochen seien, frage ich Father Issa. Einige stammten aus der Zeit Jesu, antwortet er, aber einige seien auch jüngeren Datums – das seien die sterblichen Überreste von Priestern, die in dieser Kirche im Lauf der Jahrhunderte gelebt und gewirkt haben.

Falls Sie, liebe Leserinnen und Leser, sich jetzt fragen: Sind das tatsächlich die Kinderknochen vom Kindermord vor 2000 Jahren? Und um wie viele Kinder geht es? Der Historiker Professor Helmut Bouzek hat dazu recherchiert und sagt, dass die griechisch-orthodoxe Liturgie 14 000 ermordete Knaben nennt, die syrische 64 000, mittelalterliche Autoren hätten 144 000 Opfer angenommen, bei den Armeniern gehe man von 462 aus, und heute kursierten Zahlen zwischen 20 und 50. Sie sehen, die historische Quellenlage zum Bethlehemitischen Kindermord ist äußerst dünn.

Trotzdem wurde das Thema in den folgenden Jahrhunderten im liturgischen Kalender der Kirchen aufgegriffen – und auch in der Kunst, zum Beispiel von

Meistern wie Lucas Cranach oder Peter Paul Rubens. Aber hat es den Kindermord überhaupt gegeben? Viele Wissenschaftler bezweifeln das heute. Doch
das ändert nichts an der Tragik dieses Ortes: Die Kinderknochen in dieser verborgenen Kapelle, sie sind natürlich echt. Wann und wie die Kinder zu Tode
kamen, wird wohl ein ewiges Geheimnis bleiben. Wir verabschieden uns von
Father Issa, der uns zurück in die Geburtskirche begleitet.

IN DER GEBURTSGROTTE

Denn natürlich wollen wir nun endlich zum Herzstück der Geburtskirche vor-
dringen, der Geburtsgrotte unterhalb der Kirche – eine zwölf Meter lange und
dreieinhalb Meter breite Höhle, die vom Ruß der Kerzen ganz schwarz geworden ist. Die bedeutendste Stelle in der Grotte ist der Geburtsstern; an dieser
Stelle soll Jesus zur Welt gekommen sein. Sie erinnern sich noch an die Weihnachtsaktion der Benediktinermönche aus Jerusalem (> Kapitel 8, S. 102)? Genau
auf diesen Stern legen sie in der Heiligen Nacht ihre Namensrolle ab.

Und was für eine Stimmung an diesem besonderen Ort herrscht! Entweder
ist es brechend voll, sodass man nur wenige Sekunden Zeit hat, einen Blick auf
den Geburtsstern zu erhaschen. Oder man ist zeitgleich mit einer Pilgergruppe
in der Höhle, die »Zu Bethlehem geboren« oder »Oh Come All Ye Faithful«
singt. Weihnachtslieder rund ums Jahr, auch wenn es draußen vielleicht brü-
tende 35 Grad hat.

Der Besuch in Bethlehem wird Ihr Bild von Weihnachten ordentlich durch-
schütteln. Denn mit dem rauschebärtigen Coca-Cola-Weihnachtsmann, der
auf der Rentierkutsche durch eine Schneelandschaft fährt – mit diesem Weih-
nachtsklischee hat Bethlehem nun wirklich nichts zu tun. Reisen bildet eben
doch, nicht wahr?

WAS?

Einen Ausflug nach Bethlehem unternehmen. In der **Geburtskirche Jesu** in
eine normalerweise verschlossene Kapelle gehen, in der an den Bethlehemitischen Kindermord erinnert wird.

Außerdem einen Abstecher zur
Milchgrotte und zu den **Sakramentinerinnen** machen, den Klausurnonnen, die
ihr Kloster niemals verlassen.

WO?

• **Geburtskirche** (Nativity Church)
Bethlehem, Manger Square

• **Milchgrotte** (Milk Grotto Chapel)
Bethlehem, Milk Grotto Street

WANN?

Öffnungszeiten der **Geburtskirche**:
• April–September täglich
6.30–19.30 Uhr
• Oktober–März täglich 5.30–17 Uhr
• Sonntagvormittags ist die Geburts-
grotte wegen der Messfeiern in der
Kirche geschlossen.
• Tägliche Kerzenprozession der
Franziskaner, Beginn um 12 Uhr in
der Katharinenkirche. An Feiertagen

abweichende Zeiten, Informationen in der Sakristei.

Öffnungszeiten der **Milchgrotte**
- April–September täglich 8–12 und 14–18 Uhr, Oktober–März täglich 8–12 und 14–17 Uhr

WIE?
- Busfahrt vom arabischen Busbahnhof HaNeviim, quasi direkt gegenüber dem Jerusalemer Damaskustor.
- Bus Nr. 231 nehmen, auf der Anzeigetafel steht »Beit Jala«. Pro Person und Strecke 6,80 Schekel, keine fixen Abfahrtszeiten, aber enge Taktung. Fahrzeit je nach Verkehr 30–40 Minuten.
- Der Ausstiegspunkt Bab-Iz-Qak-Platz in Bethlehem ist auch der Startpunkt für die Rückreise nach Jerusalem.
- Grenzkontrolle bei der Rückfahrt, Reisepass und hellblauen Visumszettel nicht vergessen.

👍
NICHT VERPASSEN

- **Walled Off Hotel Bethlehem**
  Das Kunstprojekt »Walled Off Hotel« des britischen Inkognito-Künstlers Banksy ist ein politisches Statement – aber gleichzeitig auch ein echtes Hotel, das mit dem »hässlichsten Ausblick der Welt« wirbt. Denn es ist komplett von der Mauer umgeben, die zwischen Israel und dem palästinensischen Autonomiegebiet gebaut wurde. Museum und Kunstgalerie sind täglich 11–19.30 Uhr auch für Nicht-Hotelgäste zugänglich. Pianobar 11–22 Uhr. Caritas Street 182, Bethlehem reception@walledoffhotel.com www.walledoffhotel.com
- **Krippenmuseum** (International Nativity Museum) > S. 113

TIPPS
AUSFLÜGE INS LAND

Tel Aviv
Die bunte, lebensfrohe Stadt am Mittelmeer lockt mit Beachlife, Partys, tollen Restaurants, entspannten Cafés, coolen Menschen. Von Jerusalem nach Tel Aviv kommt man am besten mit dem neuen Schnellzug ab der Station Jerusalem-Yitzhak Navon in gut einer halben Stunde (www.rail.co.il), alternativ mit dem Bus oder per Sammeltaxi.

Was können Sie in Tel Aviv erleben? Machen Sie einen entspannten **Strandtag,** mieten Sie sich ein Fahrrad und genießen Sie die Fahrt an der kilometerlangen Strandpromenade entlang, bewundern Sie die weißen Häuser im Bauhausstil. Besuchen Sie die wunderbare **Altstadt von Jaffa,** schlendern Sie durch die malerischen Gassen, essen Sie am Hafen die vielleicht besten Vorspeisen Ihres Lebens im **The Old Man & The Sea.** Gehen Sie den **Rothschild-Boulevard** entlang, machen Sie eine Kaffeepause an einem der **coolen Kioske,** an denen die hübschen Bewohnerinnen und Bewohner Tel Avivs formschön abhängen. Shoppen Sie im Trendviertel **Neve Tzedek.** Schlafen Sie im Boutiquehotel **Townhouse** (www.zvielihotels.com/Townhouse-Hotel). Gehen Sie ins beeindruckende **Tel Aviv Museum of Art** (www.tamuseum.org.il), essen Sie abends im Restaurant **Manta Ray** (www.mantaray.co.il) mit Blick aufs Mittelmeer.

Totes Meer / Masada

Nehmen Sie vom Busbahnhof Jerusalem (Central Bus Station) einen der grünen Egged-Busse. Bus Nummer 486 von Plattform 5, für 37,50 Schekel in 90 Minuten zum Toten Meer – klimatisiert und mit kostenlosem Internet.

Besuchen Sie die faszinierende Ausstellung von **Qumran** – in den Höhlen fand man die ältesten bekannten Bibelhandschriften (www.deadseascrolls.org.il). Trinken Sie einen Kaffee im **Kibbutz Ein Gedi** (www.en.ein-gedi.co.il), besuchen Sie dort auch den wunderschönen **Botanischen Garten**, bestaunen Sie die freilaufenden Springböcke. Fahren Sie nach **Masada:** der legendäre Felsen, auf dem sich König Herodes vor rund 2000 Jahren einen Palast errichten ließ. Hier oben verschanzten sich auch die Israeliten, als sie von römischen Garnisonen belagert wurden. Dieser Ort ist ein Nationalsymbol und unbedingt die Reise wert. Fahren Sie mit der Seilbahn auf den **Masada-Tafelberg** oder gehen Sie zu Fuß den Schlangenpfad hinauf (auch für Normaltrainierte machbar). Fahren Sie nach **Ein Bokek,** hier können Sie ein Bad im Toten Meer nehmen, 428 Meter unterhalb des Meeresspiegels. Hier ist der tiefste Ort der Welt mit einem außergewöhnlichen Klima. Fühlen Sie sich wie ein Korken auf dem extrem salzhaltigen Wasser; Sie können nicht untergehen. Soviel steht fest: Sie werden dieses Erlebnis niemals vergessen. Hautkrankheiten wie Neurodermitis können sich selbst nach einem einzigen Bad verbessern.

See Genezareth

Fahren Sie mit dem Mietwagen (alternativ auch mit dem Bus) zum See Genezareth, der hier im Land gewöhnlich Yam Kinneret oder auch Sea of Galilee genannt wird. Fast rund ums Jahr ist das Klima sehr angenehm, die Landschaft lieblich. Für Menschen, die sich auf die Spuren der Bibel begeben möchten, ist diese Gegend eine wahre Fundgrube.

Besuchen Sie den **Berg der Seligpreisungen,** von wo aus man einen tollen Blick auf den See hat. Besuchen Sie die **Brotvermehrungskirche in Tabgha,** schlafen Sie im **Pilgerhaus** am Seeufer (www.heilig-land-reisen.de/tabgha-geschichte). Erkunden Sie die Ausgrabungen von **Migdal (Magdala)** mit Galiläas ältester Synagoge. Staunen Sie über das 2000 Jahre alte »Jesusboot«, das man vor ein paar Jahren im See fand – so wird wohl auch jenes Boot ausgesehen haben, mit dem Jesus und die Jünger auf Fischfang gingen. Machen Sie einen Ausflug auf die **Golanhöhen,** eine umstrittene Region, die heute von Israel kontrolliert wird, eigentlich aber syrisches Land ist. Machen Sie hier eine Weinprobe, z. B. bei **Pelter** (www.pelter.co.il) mit regionalem Käse und frischem, selbst gebackenem Brot. Westlich des Sees können Sie **Nazareth** besuchen mit der Verkündigungsbasilika, oder machen Sie einen Ausflug auf den **Berg Tabor,** der als Ort der Verklärung Christi verehrt wird. Von dort oben haben Sie einen tollen Blick ins Land.

Blick aufs Tote Meer, 428 Meter unter dem Meeresspiegel

Oliven ohne Ende. Riesige Auswahl auf dem größten Lebensmittelmarkt Israels

MAHANE-YEHUDA-MARKT

Neuer Anstrich
für einen alten Markt –
die Meisterwerke
eines jungen Künstlers

STREET-ART, DJS UND JUNGES GEMÜSE

Was kann man von einem Gemüsemarkt mitnehmen? Außer natürlich frische Lebensmittel und die unterschwellige Aufforderung, häufiger mal wieder selbst in der Küche zu werkeln? Nun, von einem Gemüsemarkt kann man jede Menge lernen. Zum Beispiel, dass Altes und Junges eine perfekte Symbiose eingehen können. Dass sich Tradition und Moderne nicht ausschließen müssen, sondern sich sogar perfekt ergänzen können.

Das beste Beispiel dafür ist der Mahane-Yehuda-Markt in Jerusalem, der größte Lebensmittelmarkt des Landes mit rund 200 000 Besuchern täglich. Aber er ist noch mehr als einfach nur ein quirliger Markt, der durch seine schiere Größe und das enorme Angebot an frischen Waren beeindruckt.

Manche Dinge erschließen sich nicht auf den ersten Blick. Manche Geheimnisse wollen entdeckt, wollen entlockt werden. Hier geschieht nach Marktschluss etwas Unerwartetes. Wenn es dunkel wird, ist dieser Ort nicht mehr wiederzuerkennen: Die Marktstände verwandeln sich in eine DJ-Zone. Coole Beats wummern aus Lautsprecherboxen, junge Leute feiern das pralle Leben.

Die Einwohner des umliegenden Stadtviertels decken sich auf dem Mahane-Yehuda-Markt mit den Dingen des Alltags ein

Und wenn Sie das schon ungewöhnlich finden, dann freuen Sie sich auf den Shabbat, den jüdischen Ruhetag. Denn wenn alle Geschäfte geschlossen sind und der Markt eigentlich mausetot sein müsste, erwacht er erst richtig zum Leben. Nicht mit abendlichen Partys wie während der Woche, sondern mit erstaunlichen Kunstwerken, die sich dem Betrachter erst dann komplett preisgeben, wenn die Rollläden der Marktstände heruntergelassen sind. Eine junge Subkultur, die wohl nur die wenigsten hier in Jerusalem erwarten würden. Geschaffen wurden die Meisterwerke von einem jungen Künstler, dessen weltbekannter Großvater als »Picasso Indiens« gefeiert wird. Es gibt also jede Menge zu entdecken und viel zu erzählen.

Abends wird der Markt zur Partyzone, und am Shabbat zeigt er sich noch einmal von einer ganz anderen Seite.

IN DER JAFFA ROAD

Beginnen wir unseren Spaziergang in der Nähe der Altstadtmauer. Wir treffen uns am Jerusalemer Rathaus, dort, wo die Jaffa Road beginnt, eine der Haupteinkaufsstraßen der Stadt. Hier könnten wir einfach in die Straßenbahn einsteigen und wären in nur wenigen Minuten an der Haltestelle »Mahane Yehuda« (sprich: Machané Jehudá), also direkt am Markt, angekommen.

Aber lassen Sie uns lieber ein bisschen bummeln. Zu Fuß eine Stadt zu erkunden eröffnet viele neue Blickwinkel. Auf Gebäude und Geschäfte, vor allem aber auf die Menschen. Wir schlendern vorbei an Bäckereien und Supermärkten, an Restaurants und Cafés. Hier sitzen Einheimische und Touristen in der Sonne und hören mit wippenden Füßen den Straßenmusikern zu. Dieser Spaziergang ist auch eine gute Gelegenheit, sich einen Überblick über den modernen Teil Jerusalems zu verschaffen. Hier, außerhalb der Altstadtmauern, ist das Lebensgefühl oft unbeschwerter und leichter als innerhalb. Manchmal tut es gut, das intensive Erlebnis von Religion und Geschichte, das Jerusalems Altstadt so einzigartig macht, beiseitezulassen und einfach spazieren zu gehen.

Schon nach gut 20 Minuten sind wir an unserem Ziel angelangt. Zur linken Hand liegt der Mahane-Yehuda-Markt, verteilt auf drei Querstraßen, die wiederum durch mehrere Gassen miteinander verbunden sind. Und es möchten einem die Augen übergehen: Reihen von schwarz glänzenden Auberginen, Pyramiden aus prallen Orangen und saftigen Granatäpfeln. Buntes Gemüse und Salat in frischem Grün. Körbe voller Datteln, Fässer mit eingelegten Oliven,

Bar-Hopping, Livemusik und Cocktails – die Partys auf dem Markt sind lang und ausgelassen

Berge von exotischen Gewürzen. Es riecht nach frischem Kaffee, nach Zimt, nach Kardamom.

Gerne würden wir alles probieren. Aber lassen Sie uns nochmal weitergehen, um die nächste Ecke. Hier werden uns köstliche Nüsse angeboten, daneben frisches, duftendes Brot in der Bäckerei. Ein paar Meter weiter preist der Metzger Fleisch und Geflügel an, es gibt frische Eier, am Stand nebenan fangfrischen Fisch und Wein aus der Region … ja, dieser Markt ist das sprichwörtliche Füllhorn, eine echte Augenweide. Vor allem aber ist dies der Ort, an dem die Einheimischen für ihren täglichen Bedarf einkaufen. Genauso wie übrigens auch die preisgekrönten Köche, die ganz in der Nähe ihre Restaurants haben. Denn hier, rund um den Mahane-Yehuda-Markt, findet man einige der besten Restaurants der Stadt. Auf Seite 48 erfahren Sie, welche Spitzenlokale Sie nicht verpassen sollten. Aber Achtung, viele der Restaurants sind so beliebt, dass Sie frühzeitig reservieren müssen.

Dieser Markt bietet alles, was das Herz höher schlagen lässt, wenn man frische Lebensmittel liebt. Aber eben noch so viel mehr: Wenn abends die Marktstände langsam schließen und die letzten Lebensmittel des Tages zum Schnäppchenpreis unter die Leute gebracht werden, findet eine unerwartete

Metamorphose statt. Die älteren Damen und Herren aus der Nachbarschaft tragen gemütlich ihre Einkäufe nach Hause, ihre Brote, das Obst und das Gemüse … und ein völlig anderes Publikum übernimmt den Ort. Die Jugend strömt in den Markt. Coole Leute, junge Jüdinnen und Juden, viele Anfang 20. Manche sehen wie gepflegte Business-Studenten aus, einige tragen Militäruniform, andere zeigen sich im lässigen Out-of-Bed-Style. Womöglich sind sie wirklich gerade erst aufgestanden, wer weiß das schon. Was aber alle gemeinsam haben: Sie wollen feiern!

Die Metamorphose des Marktes bedeutet: Nicht nur das Publikum, auch die Atmosphäre ändert sich komplett. Die Marktstände verschwinden, stattdessen sitzen die Leute jetzt an Tischen und Bänken und genießen das Leben. Einige Läden haben Lautsprecherboxen rausgestellt, aus denen coole House-Beats wummern. Tätowierte Typen hinter der Theke schenken Bier und Wein aus. An manchen Abenden legen DJs auf, oft spielen sogar Livebands. Die Menschen essen, trinken und tanzen. Sie feiern das Leben auf diesem Markt, der zwei Seelen hat.

Die eine Seele, die erwartbare, sieht man tagsüber zwischen den Lebensmitteln. Die verborgene Seele aber kommt erst abends zum Vorschein, wenn das Gemüse verkauft, das Geld gezählt, die Arbeit getan ist. Dann zeigt dieser Markt, dass das Leben viel mehr zu bieten hat als das Alltägliche, das Nützliche, das Notwendige. Manchmal muss halt einfach gefeiert werden, und zwar völlig anlasslos. Auch das ist Teil des bemerkenswerten Lebensgefühls dieser Region: dass schon morgen alles ganz anders sein könnte. Dass plötzlich der Konflikt wieder losbricht. Also feiern die Menschen das Leben. Nicht morgen, sondern heute. Laut und ausgelassen und unglaublich intensiv.

DER KUNSTSUCHER

Plötzlich fällt mir ein Mann auf, der zwischen dem ganzen Partyvolk irgendwie fehl am Platze aussieht. Um den Hals trägt er ein gelbes Band, an dem eine Karte baumelt. In seiner Hand ein Schreibblock, auf dem er sehr konzentriert etwas notiert, während er allein vor einem heruntergelassenen Rolltor steht. Mit solchen Rolltoren – oder auch mit Metalltüren – verschließen die Markthändler ihre Geschäfte, wenn sie Feierabend machen. Nicht jeder der Läden macht abends Party. Deshalb sind jetzt einige der Rolltore heruntergelassen.

Avigdor Kornboim kartografiert Solomons Kunst

Den Mann scheinen die Tore brennend zu interessieren. Avigdor Kornboim. Mit diesem Namen stellt er sich mir vor, als ich ihn frage, was er hier treibe, so ganz allein vor dem Rolltor. Er sei professioneller Reiseführer in Israel, begleite viele Gruppen aus der ganzen Welt durchs Heilige Land. »Und dieser Markt hat es mir wirklich angetan«, sagt Avigdor in makellosem Englisch, »diese Kunstwerke an den Rolltoren sind wirklich einmalig. Ich versuche gerade herauszubekommen, welche Menschen dort zu sehen sind, denn ich will eine Karte davon erstellen.« Eine Art Landkarte, wo genau sich welches Kunstwerk befindet. Und vor allem, wer darauf zu sehen ist.

»Bei manchen«, sagt Avidgor, »ist es ganz einfach: Mahatma Gandhi, Albert Einstein, Bob Marley oder Steven Spielberg. Aber bei manchen der Porträts muss ich recherchieren, denn es sind auch ganz normale Menschen zu sehen, zum Beispiel die Großväter der jetzigen Shopsbesitzer. Und deshalb muss ich jeden Laden abklappern und die Besitzer nach den Namen der porträtierten Person fragen.«

Ob er denn wisse, wer diese Kunstwerke gesprüht habe, frage ich Avigdor. Oh ja, das seien zwei junge Juden. Einer von ihnen heiße Solomon, mit diesem Namen seien auch viele der Kunstwerke unterzeichnet. Solomon Souza.

Von Solomon verewigt: Chaim Joseph David Azulai, jüdischer Gelehrter

Ich verabschiede mich von Avigdor mit meinem besten Dank für die Infos und schieße noch ein paar Fotos von den coolen Street-Kunstwerken, die ich hier in Jerusalem wirklich nicht erwartet hätte.

SOLOMON SOUZA AM TELEFON

»Hey Stefan! Schön, dass wir uns hören, und sorry, dass das so lange gedauert hat«, sagt Solomon fröhlich am Telefon. Er ist ein 25-jähriger gebürtiger Londoner, der schon seit vielen Jahren in Israel lebt.

Ich hatte ihn direkt nach dem Gespräch mit Avigdor kontaktiert. Oder es zumindest versucht, per Mail, auf Facebook, auf Instagram. Lange meldete er sich nicht zurück. Ja, er sei sehr viel unterwegs gewesen, zum Beispiel in Amsterdam mit der Familie. Und in Australien, da habe er ein paar Kunstwerke gesprüht. Und jetzt sei er gerade in London. »Es ist immer viel los«, sagt Solomon, »die Welt ist heutzutage ein so kleiner Ort. Vor Kurzem bin ich nach Tel Aviv gezogen, weil ich das Meer so sehr liebe und viele Freunde in der Kunstszene habe. Aber ich bin auch noch oft in Jerusalem.«

Kunst am Gemüsemarkt, das ist ziemlich ungewöhnlich. Wie ist es zu dem Projekt gekommen?
Ich habe ganz in der Nähe des Marktes gewohnt. Mein guter Freund Berel Hahn ist eines Tages auf mich zugekommen. Er ist durch den Markt gegangen und hatte eine Vision ... keine Ahnung, was er damals geraucht hat *(er lacht)* ... aber er hatte diese Vision. Am Shabbat ist der Markt ja komplett geschlossen, tot, vollkommen leer. Was für ein Kontrast zum Leben, das hier normalerweise herrscht. Also war Berels Idee: Lass uns dem Markt auch am Shabbat Leben verleihen, lass ihn uns einfach in Farbe tauchen. Wir nennen unser Projekt »Shuk Gallery«, Shuk bedeutet Markt. Es ist also eine Street-Art-Galerie auf einem Lebensmittelmarkt.

Wie habt Ihr die Marktleute überzeugt, dass Ihr deren Tore besprühen dürft?
Berel hat das gemacht, mit einem Lächeln. Am Anfang, das war 2015, waren die Leute skeptisch, weil niemand so richtig wusste, was wir vorhatten. Als Erstes hatten wir die Erlaubnis von einer Frau, der drei Läden gehören. Wir haben nachts ihre Läden angemalt. Am nächsten Tag haben wir sie besucht, um zu hören, ob es ihr gefällt. Und dann kamen die Nachbarn und sagten: Ey, warum habt ihr nicht meinen Laden angemalt? Das war dann wie ein Schneeballeffekt. Wir haben übrigens nie Geld verlangt oder Geld für unsere Arbeit bekommen.

Ich habe einen Fremdenführer auf dem Markt getroffen, und er erzählte mir, dass Ihr nicht nur bekannte Persönlichkeiten malt?
Nein, die Menschen müssen nicht berühmt sein, natürlich nicht. Wir suchen Leute aus, die einen guten Einfluss haben, einen positiven Einfluss auf die Welt oder auf ihre Gemeinschaften.

Sie müssen aber alle einen Bezug zu Israel oder Jerusalem haben?
Nicht unbedingt. Viele haben zwar einen Bezug zum jüdischen Volk, zur Nation Israel. Aber sie müssen nicht jüdisch sein oder hier gelebt haben. Wir haben schon viele Menschen aus allen demografischen Bereichen gemalt. Viele Juden, aber auch Christen, Muslime, Araber. Wir wollen alle abbilden, Frauen, Männer, vielleicht ist auch ein Transsexueller darunter, das alles spielt keine Rolle.

Als Ihr den Großvater eines Geschäftsinhabers gemalt habt, wie kam es dazu?
Mein Kumpel Berel hat in einem Laden das Foto eines alten Mannes entdeckt, der das Geschäft vor 60 oder 70 Jahren eröffnet hat. Super, lass ihn uns malen, er trägt den Gründergeist dieses Marktes in sich. Du musst wissen, Stefan, viele Geschäfte existierten hier schon vor der Gründung des Staates Israel im Jahr 1948. Der Markt liegt ja an einer der Hauptstraßen, die nach Jerusalem führen. Hier wurden schon immer Dinge an Menschen verkauft, die in die Heilige Stadt wollten. Und wir möchten den Gründern dieses Marktes unseren Tribut zollen.

Ist das also Eure Mission? Respekt erweisen?
Ganz genau. Hier kommen der Reichtum und die Vielfalt des Landes zusammen. Wir möchten dem Markt und Jerusalem unseren Respekt zollen. Übrigens gab es vor ein paar Jahren noch kein Nachtleben, so wie heute. Das hat sich wirklich gewandelt, so etwas erwartet man in Jerusalem ja nicht. Es ist unglaublich. Und es ist eine Ehre, hier zu malen.

Wie lange brauchst Du für so ein Kunstwerk?
Auf den Rollläden benutze ich vor allem Sprühfarbe, das geht dann ziemlich fix. Manchmal schaffe ich drei Kunstwerke pro Nacht. Insgesamt habe ich auf dem Markt schon 230 Rollläden fertig, aber es sind immer noch 150 übrig. Meistens arbeite ich nachts, aber manchmal auch tagsüber, wenn auf dem Markt wenig los ist.

Das erstaunliche Talent scheint Solomon bereits in die Wiege gelegt worden zu sein. Sein Großvater mütterlicherseits ist Francis Newton Souza, ein weltbekannter Maler, dessen Werke im Britischen Museum, der Tate Gallery und im Victoria and Albert Museum in London ausgestellt werden. Einige seiner Kunstwerke wechselten für mehrere Millionen Dollar den Besitzer, er wurde sogar als »indischer Picasso« gefeiert. Solomon hat zwar viele lebhafte Erinnerungen an seinen Großvater, allerdings starb dieser bereits, als Solomon zehn Jahre alt war.

Obwohl Du so jung warst, würdest Du sagen, dass Dein Opa Dich künstlerisch beeinflusst hat?
Oh ja, auf jeden Fall. Ich bin ja mit seiner Kunst aufgewachsen. Seine Bilder hingen bei uns zu Hause an den Wänden. Wir haben immer über ihn gesprochen, vor sei-

nem Tod, nach seinem Tod. Er war einfach der Patriarch unserer Familie. Meine Mutter ist auch Künstlerin. Sie hat viel von ihrem Vater – meinem Großvater – gelernt. Für mich war meine Mutter immer eine unglaubliche Inspiration. Sie hat in mir dieses Verlangen geweckt, kreativ zu sein. Diesen Durst, etwas erschaffen zu wollen.

Wen möchtest Du auf dem Markt unbedingt noch verewigen?
Ein Freund von mir ist kürzlich in Tel Aviv gestorben, er wurde nur 24 Jahre alt. Wir sind zusammen in London aufgewachsen. Er war ein außergewöhnlicher Mensch, sehr mutig, wie ein Löwe, mit einem guten Herzen. Er war ein strahlendes Licht für uns Londoner Jungs hier in Israel. Ich versuche bis heute, dasselbe zu verkörpern. Er lebt durch uns weiter, durch unsere Taten. Also ihn möchte ich auf jeden Fall bald verewigen. Und neben ihm noch so viele weitere Menschen, denen ich mit meiner Kunst Respekt zollen will.

DAS BESTE AUS DREI WELTEN
Respekt, Toleranz, junge Street-Art und abends eine coole Party. Hätten Sie das alles auf einem Lebensmittelmarkt in Jerusalem erwartet? Also ich nicht. Denn tagsüber verbirgt der Markt diese Geheimnisse ja auch ziemlich erfolgreich vor seinen Besuchern. Mein Tipp deshalb: Kommen Sie an einem normalen Wochentag, und zwar kurz bevor der Markt schließt. Dann erleben Sie das Beste aus drei Welten: Frische Lebensmittel in Hülle und Fülle, eine coole Party und Solomons Kunstwerke, die – je später der Abend wird – nach und nach ans Licht kommen. Auf diesem Markt, der so viel mehr ist, als er auf den ersten Blick zu sein scheint.

Solomon Souza ist inzwischen weltweit als Künstler gefragt

WAS?

Den größten Lebensmittelmarkt Israels erleben, der zwei Seelen hat: Tagsüber wird hier Obst und Gemüse verkauft, abends Party mit DJs und Livebands gemacht. Am Shabbat, wenn der Markt geschlossen ist, kann man hier 230 Meisterwerke eines jungen Künstlers in der sogenannten Shuk-Gallery bestaunen.

WO?

Mahane-Yehuda-Markt
- Agripas St. 90 (Straßenbahnhaltestelle »Mahane Yehuda«), en.machne.co.il

WANN?

- Öffnungszeiten des Lebensmittelmarktes: So–Do 8–19, Fr 8–15 Uhr, Sa geschlossen
- Die Cafés, Bars, Imbisse und Restaurants auf dem Markt haben bis spät abends geöffnet.
- Am Samstag, dem Ruhetag Shabbat, hat man die beste Gelegenheit, Solomon Souzas Kunstwerke auf den geschlossenen Rollläden der Geschäfte zu bestaunen.
- Zu sehen sind sie auch auf www.instagram.com/solomonsouza

TIPPS

CAFÉS UND BARS

Tagsüber: Cafés

Wiener Kaffeehaus im Österreichischen Pilger-Hospiz €
Sachertorte und Apfelstrudel – mitten im Muslimischen Viertel. Deutschsprachig. > S. 21
- Via Dolorosa 37
  www.austrianhospice.com

Dachcafé im Christian Information Centre €
Kleines Café auf dem Dach des sehr empfehlenswerten Museums gegenüber der Davidszitadelle. Super Ausblick! > S. 57
- The Armenian Patriarchate St. | www.cicts.org

Café der Christ Church €
Ebenfalls an der Davidszitadelle. Eine gut versteckte Oase mit schönem Innenhof.
- The Armenian Patriarchate Street 55
  www.cmj-israel.org

Noch jung, aber voll im Trend: die israelische Craft-Beer-Szene

Tmol Shilshom €

Lokal an der Jaffa Road mit sehr besonderer Atmosphäre: ein Café, das an ein Wohnzimmer erinnert.

- Yoel Moshe Salomon Street 5
  www.tmol-shilshom.co.il

Café in der Dormitio €

Auf dem Zionsberg. Das Café eignet sich perfekt für eine Pause während der Pilgertour. Sehr sehenswert sind die Abteikirche und die Krypta. Deutschsprachig. > S. 106

- Mount Sion
  www.dormitio.net

Café in der Erlöserkirche €

Ganz in der Nähe der Grabeskirche. Die spannenden Ausgrabungen unterhalb der Kirche sollten Sie sich unbedingt anschauen. Deutschsprachig. > S. 22

- Muristan Road
  www.durch-die-zeiten.info

Cafe Landwer €€

Im ehemaligen Bahnhof (First Station). Gemütliche Atmosphäre; die First Station hält viele kulinarische Angebote bereit.

- David Remez Street 4
  www.landwercafe.co.il

Cafe Caffit €

Direkt am See gelegen im idyllischen Botanischen Garten

- Emek Refa'im Street 36, German Colony
  www.caffit.co.il

Abends: Bars

Kellerbar des American Colony Hotels €€

Hier treffen sich Diplomaten, Journalisten, Politiker > S. 23.

- Louis Vincent Street 1
  www.americancolony.com

Mamilla Mirror Bar €€

Im Mamilla-Luxushotel > S. 23. Dies ist die schönste und eine der trendigsten Bars in Jerusalem, direkt an der Mamilla-Mall in der Nähe der Altstadtmauer gelegen.

- King Solomon Street 11
  www.mamillahotel.com/mirrorbar

Yudale €€

Die wohl angesagteste Bar, direkt gegenüber dem berühmten Machneyuda-Restaurant > S. 48 in der Nähe des Mahane-Yehuda-Marktes.

- Beit Ya'akov Street 11
  www.machneyuda.co.il

Jabotinsky (Zabotinsky) €

Entspannte Bar, vor allem von Einheimischen besucht. Gutes Bar-Food, junge, relaxte Atmosphäre.

- Shim'on Ben Shatakh Street
  www.zabubar.wixsite.com/zabotinski

Zuta Cocktail Bar €€

Kleine, intime Bar in der Nähe des King David Hotels > S. 23. Mixologe Amit Gilad hat tolle Cocktails kreiert, gutes Bar-Food.

- King David Street 10
  www.1868.co.il/site/en/zuta.php

Toy Dance Bar €€

In der Nähe der Jaffa Road. Dance-Bar zum Sehen und Gesehenwerden. Junges, stylisches Publikum.

- Du Nawas Street 6
  www.facebook.com/toybar

Mike's Place €

American Sports Bar, gutes Bier vom Fass, leckeres Essen. Zeigt die wichtigsten Sportereignisse.

- Jaffa Road 33
  www.mikesplacebars.com

Fundstück in Elias Fotoladen: Eine Frau begegnet ihrem jüngeren Ich

ELIA PHOTO-SERVICE

Willkommen in einem
winzigen Laden,
der das Gedächtnis
der Stadt bewahrt

DURCH DIE AUGEN MEINES VATERS

Selbst im alten Teil Jerusalems, wo die Zeit ein bisschen langsamer zu gehen scheint, finden Veränderungen statt – wenn auch oft so langsam, dass es Zeugen braucht, die sich an frühere Zeiten erinnern. In eine solche Schatzkammer der Erinnerungen möchte ich Sie heute mitnehmen.

Elia Kahvedjian ist zwar schon seit vielen Jahren tot, doch sein Blick auf Jerusalem lebt weiter – in seinen einzigartigen, ausdrucksstarken Fotografien. Und vertrauen Sie mir: Sie werden kein besseres Souvenir finden als hier, bei »Elia Photo-Service«. Diese Fotos sind viel mehr ist als reine Abbildungen. Sie bezeugen nämlich nicht nur die Geschichte der Stadt Jerusalem, sie erzählen gleichzeitig auch die besondere Geschichte des Gründers des Geschäfts.

Als fünfjähriger armenischer Junge wurde Elia Kahvedjian für zwei Goldmünzen als Sklave verkauft, nachdem seine gesamte Familie ausgelöscht worden war. Er musste sich als kleines Kind alleine auf den Straßen durchschlagen, und als man ihn endlich in ein Waisenhaus brachte, hatte er seinen Nachnamen vergessen. »An was erinnerst Du Dich, Elia?« – »Ich erinnere mich an … Kaffee!« Und so bekam er seinen Nachnamen: Kahvedjian, abgeleitet von »Kaffee«.

Elia junior in seinem Laden. Auf dem Foto im Hintergrund sein 2018 verstorbener Vater Kevork

EIN LADEN, DEN JEDER IN JERUSALEM KENNT

»Guten Morgen«, sagt Elia Kahvedjian, als er mich freundlich zum Interview empfängt. »Ich hab Dir einen Espresso gemacht, Stefan.« Dabei muss er grinsen. Denn er weiß natürlich um die Geschichte der Namensfindung seiner Familie.

Vor mir steht der Enkel des eben erwähnten Waisenkindes Elia. Er leitet heute das kleine Fotogeschäft mit der auffälligen gelben Fassade hier im Christlichen Viertel der Jerusalemer Altstadt. »Elia Photo-Service« steht in großen schwarzen Buchstaben draußen über dem Schaufenster.

Gerade hat Elia, 48 Jahre alt, mit wenig Kopfhaar, dafür umso bemerkenswerteren Augenbrauen, sein Geschäft aufgesperrt, das eine Institution in Jerusalem ist. Jeder hier kennt »Elia Photo-Service«, und jeder liebt die Erinnerungen aus vielen Jahrzehnten Jerusalemer Geschichte, eingefangen mit einer alten Rolleiflex-Kamera.

»Das ist die perfekte Kamera, um Menschen zu fotografieren«, erklärt mir Elia. »Denn der Fotograf schaut nicht in Richtung des Motivs, sondern nach unten in den Sucher. So merken die Leute oft gar nicht, dass sie abgelichtet werden.« Sowohl sein Großvater als auch sein Vater haben sie noch benutzt in den vergangenen Jahrzehnten. Er selbst aber, dritte Generation, und sein zwölfjähriger Sohn, Generation Nummer vier, nutzen die alten, verstaubten Schätzchen natürlich nicht mehr. Wie im Rest der Welt hat auch hier bei »Elia Photo-Service« die Digitalfotografie Einzug gehalten. Aktuelle Fotos von Jerusalem, ja, sagt Elia, das sei zwar ein Projekt, dem er sich vielleicht in den nächsten Jahren intensiver widmen möchte, aber im Augenblick macht er sein Geschäft fast ausschließlich mit dem Erbe seines Großvaters: rund 3500 Fotografien aus dem Heiligen Land.

FASZINIERENDE BILDER AUS EINER VERGANGENEN ZEIT

Ich kann mich nicht sattsehen an den verschiedensten Motiven, die für europäische Augen oft exotisch und fremdartig sind. Und doch wirken die Bilder erstaunlich vertraut und privat, sogar intim. Oft sind es Männer des Orients, mit langen schwarzen Bärten und feurigen Augen. Sie hüten ihre Schafe am Bach. Oder sie sitzen im Kreis auf dem Boden und essen Hummus, den Kichererbsenbrei, der so typisch ist für diesen Teil der Erde. Auf dem Bild daneben: orthodoxe Juden beim Gebet an der Klagemauer. Dort: das junge palästinensische Mädchen, ganz verträumt mit Wasserkrug am Brunnen. Oder hier, die pure Naturgewalt: »Angry Jerusalem«. Das Foto fängt genau jenen Bruchteil einer Sekunde ein, in dem ein wütender Blitz über dem Tempelberg niedergeht. Daneben: Beduinen mit ihren Kamelen in der Wüste. Diese Fotos sind ein Fenster in die Vergangenheit, sagt Elia. Sie lassen uns sehen, wie das Leben damals war und was heute anders ist. Aber auch, was geblieben ist. Hummus zum Beispiel, Hummus ist zeitlos. Man hat ihn vor vielen, vielen Jahrzehnten gegessen und man wird ihn noch in 200 Jahren essen.

ELIA KAHVEDJIAN ERZÄHLT

Noch ein starker Espresso für uns beide. Und Elia beginnt, die Geschichte seines Großvaters zu erzählen:

Mein Opa Elia wurde 1910 in Urfa geboren, im Südosten der Türkei, nahe der syrischen Grenze. Als er viereinhalb oder fünf Jahre alt war, das wissen wir heute nicht mehr so genau, wurden 163 seiner Familienmitglieder vor seinen Augen hingerichtet, im Völkermord an den Armeniern. Auch sein Vater kam dabei ums Leben. Mein Großvater Elia wurde zusammen mit seiner Mutter auf einen Todesmarsch in Richtung der syrischen Wüste gezwungen. An einem Ort namens De Zor wusste seine Mutter, dass es zu Ende ging. Sie wollte aber alles in ihrer Macht Stehende tun, um ihren Sohn zu retten. Und so entschloss sie sich, ihr Kind wegzugeben an einen Mann, der an der Karawane vorbeikam, einen Fremden. Sie flehte ihn an, den Jungen mitzunehmen, damit er eine Chance hätte, zu überleben. Ich habe viele, viele Stunden mit meinem Großvater zusammengesessen und er hat mir diese Geschichte oft erzählt. Wie er damals Schüsse hörte. Und danach nichts als totale Stille.

Das heißt, auch seine Mutter kam ums Leben.
Ja, auch seine Mutter wurde ermordet, wie alle aus seiner Familie. Der Fremde nimmt ihn also mit, wäscht ihn und verkauft ihn als Sklave an einen anderen Mann für zwei Goldmünzen. Das wissen wir so genau, weil immer, wenn mein Großvater etwas falsch gemacht hatte, er zu hören bekam: Pass doch besser auf, ich habe zwei Goldmünzen für dich bezahlt. Der Mann, der ihn gekauft hatte, war ein Eisenschmied, mein Großvater musste den Blasebalg des Ofens am Laufen halten. Einige Wochen später starb die Frau des Schmieds. Er heiratete erneut, doch die neue Frau wollte keinen Sklaven im Haus haben. Also sagte sie zu meinem Opa: Du bist frei, Du kannst gehen. Aber wir reden hier von der Zeit des Ersten Weltkriegs. Es gab kein Essen, keine Arbeit und er war ein einsames, armenisches Waisenkind auf der Straße. Das war eigentlich ein sicheres Todesurteil. Aber nicht für ihn. Ich kann das nicht erklären ... aber er war dazu bestimmt, zu überleben.

Er hat sich also alleine durchgeschlagen?
Genau. Er hat auf den Straßen von Urfa überlebt. Ein halbes Jahr lang. Da muss er so ungefähr fünf Jahre alt gewesen sein. Dann kamen die Amerikaner mit der »Near East Relief Foundation«. Sie haben hunderttausend armenische Waisenkinder aus der Region auf verschiedene Heime verteilt, in Syrien, im Libanon und auch hier. Mein Großvater kam in ein Waisenhaus in Nazareth. Dort fragten sie ihn, wie sein Name sei. Er sagte: Elia. Seinen Nachnamen wusste er nicht mehr. Also fragten sie ihn: Welchen Beruf hat Dein Vater gehabt? Und er erinnerte sich, dass sein Vater früher immer große Kaffeesäcke nach Hause gebracht hatte, dass er Kaffeehändler war. Und deshalb tragen wir heute unseren Nachnamen. Kahvedjian kommt von »Kaffee«.

Es ist ein ziemlich langer Weg vom armenischen Waisenkind bis zum Fotografen. Wie kam es dazu?

Einer seiner Lehrer im Waisenhaus war ein armenischer Fotograf. Damals waren die Negative noch große Glasplatten, 20 x 25 cm. Und bei fünf oder sechs dieser Platten brauchte man jemanden, der sie herumschleppt. Mein Großvater war das stärkste Kind, also hat man ihn ausgesucht, die Platten zu tragen. Und für ihn war das pure Magie: Wie konnte man eine Szene einfach so auf Glasplatten festhalten? Wir reden hier von den 1920er-Jahren, die Fotografie steckte noch in den Kinderschuhen. Mein Großvater fing an, Fragen zu stellen, und manchmal bekam er Antworten. Das ging so weiter, bis er 16 Jahre alt war. Das Waisenhaus fand, dass er nun alt genug sei, um für sich selbst zu sorgen. Man muss bedenken: Er hatte ja bereits für sich selbst gesorgt als er fünf war. Mit 16 war er also schon ziemlich erwachsen.

Und dann kam er hierher, nach Jerusalem?

Ja, ins Armenische Viertel in der Altstadt. Dort teilte er sich ein Zimmer mit neun anderen armenischen Waisenkindern, die auch aus dem Heim entlassen worden waren. Er begann, in einem Fotogeschäft zu arbeiten, bei den Gebrüdern Hanania. Er liebte die Fotografie. Und er war begierig darauf, zu lernen. Alles ging ziemlich geschmeidig bis in die 1930er-Jahre. Doch dann wollten die Hanania-Brüder ihr Geschäft nach England verlagern. Für meinen Großvater war das eine schlimme Nachricht: Ich bin gerade auf meine Füße gekommen und jetzt wollt Ihr mich verlassen?

FAMILIE KAHVEDJIAN IM BILD

»Komm mal mit, Stefan, schau Dir dieses Foto hier an. Siehst Du, wie entschlossen mein Opa die Weinstöcke umfasst«, fragt mich Elia. Ich sehe ein Bild, das neben der Theke hängt. Drei Generationen der Kahvedjians. Im Vordergrund: Der alte Elia, wie er kräftig zwei knorrige Weinstöcke umfasst, mit entschlossenem Blick.

DER JUNGE ELIA ERZÄHLT WEITER

Dieses Bild sagt viel über den Charakter meines Opas aus. Die Erfahrung des Völkermordes hätte ihn zerbrechen können, sowohl körperlich als auch psychisch. Aber bei ihm hat es genau das Gegenteil bewirkt. Es hat ihn stark ge-

Der alte Elia mit seinem Sohn Kevork (rechts) und seinem Enkel Ruben (links)

macht, sogar ziemlich störrisch. Wenn er etwas entschied, dann war das so. Punkt, aus. Und so entschied er, das Fotogeschäft der Hanania-Brüder zu kaufen. Es gab nur ein Problem: das Geld. Aber das konnte ihn nicht aufhalten. Er machte mit den Hanania-Brüdern einen Deal. Er war gewillt, für das Geschäft das Dreifache des Wertes zu zahlen, allerdings in monatlichen Raten. Und er brauchte ganze drei Jahre, um seine Schulden zu begleichen – bis das Geschäft seinen Namen trug. Das war 1933 oder 1934. Alles lief gut für ein paar Jahre. Doch dann begann der Krieg ...

... der Palästinakrieg von 1948.
Ja, Ende 1947 kam ein befreundeter britischer Offizier zu meinem Großvater und warnte ihn: Du nimmst lieber dein ganzes Zeug und bringst es in Sicherheit. Es gibt Ärger. Der Offizier besorgte sogar zwei Militärfahrzeuge und half mit, die ganzen Kameras, Negative und Bilder ins Armenische Viertel zu bringen, in die Keller im Untergrund. Zwei Tage nach der Rettungsaktion brannte der Laden meines Großvaters nieder.

Also: Alles zurück auf Anfang. Mal wieder.
Genau. Es war bereits das dritte Mal, dass sein Leben bei null anfing. Und was machte er? Er eröffnete diesen Laden hier, in dem wir uns gerade befinden. 1949. Die Leute sagten: »Wer ist eigentlich so verrückt, mitten im Krieg ein Geschäft zu eröffnen?! Niemand, oder?« Mein Großvater schon. Er war ein Überlebenskünstler. Er hat nie zurückgeschaut, immer nur nach vorne. Und so hatte er Ende 1967, als alle wieder von vorne beginnen mussten, bereits ein etabliertes Geschäft. Sein Geld verdiente er mit Hochzeitsfotos, Porträtfotos, Expressfotos, es war ein ganz normales Fotogeschäft. Nur die Negative blieben im Keller im Armenischen Viertel, bis in die 1980er-Jahre. Meine Eltern beschlossen damals, den Keller aufzuräumen und fragten ihn: »Was ist das?« Und er sagte: »Ach, das sind nur Negative von Bildern, die ich in meiner Jugend geschossen habe. Die sind nicht so wichtig, die könnt Ihr wegwerfen.«

Gott sei Dank hat aber damals niemand auf ihn gehört.
(Elia lacht) Ja, mein Vater sah das zum Glück anders als mein Großvater. Er hat sich mit ihm hingesetzt und alle Daten aufgeschrieben und auch die Geschichten, die hinter den Fotos stecken. Dann haben wir unsere erste Ausstellung im »American Colony Hotel« hier in Jerusalem gemacht und die Menschen waren ganz verrückt nach den Bildern Wir hatten eine so unglaublich positive Resonanz nicht erwartet und sagten uns: Okay, das hier scheint etwas wirklich Großes zu sein. Deshalb haben wir uns dann mit voller Kraft den Bildern gewidmet und ein Buch herausgebracht mit den besten Fotos meines Großvaters. Vom Time Out Magazine wurden wir unter die Top 10 der Orte gewählt, die man in Jerusalem nicht verpassen darf. National Geographic hat einen Film über unsere Familiengeschichte gemacht. Alles Dank meines Großvaters und seiner Bilder.

»THROUGH MY FATHER'S EYES«

Was sein Lieblingsfoto sei, frage ich Elia. Und er muss nicht lange überlegen. Dieses hier, das Coverfoto des Buches, das jetzt vor uns auf der Theke liegt. »Through my Father's Eyes«, durch die Augen meines Vaters. Auf dem Bild sieht man einen Torbogen der Jerusalemer Altstadt. Alte Mauern, mächtige Steine und unten in der Mitte die schmale Silhouette einer Frau, die ein Baby in ihren Armen trägt. Im Hintergrund kann man den Ölberg erahnen. Es sei für ihn ein sehr optimistisches Foto, sagt Elia, deshalb habe er es als Titelbild des Buches ausgewählt, zusammen mit seinem Vater. Ein halbes Jahr nahmen sich die beiden Zeit, um die perfekte Auswahl zu treffen. »Unsere Fotos sind objektiv und neutral«, sagt Elia. »Wir nehmen keine religiöse Position ein, sondern zeigen den Alltag der Menschen, so wie er ist.«

Was ist das Verrückteste, das in diesem Laden in der letzten Zeit passiert ist?
Oh je, wie lange hast Du Zeit, Stefan? *(Elia lacht)* Es kommen Politiker in unser Geschäft, der Ministerpräsident von Italien zum Beispiel, und viele Schauspieler. Aber siehst Du das Foto da oben im ovalen Rahmen? Die wunderschöne junge Frau? Das Porträt hat mein Großvater geschossen.

Und jetzt schau Dir mal dieses Foto an: Ein paar Jahrzehnte später steht dieselbe Frau plötzlich wieder hier bei uns im Laden. Nicht mehr ganz so jung, aber immer noch wunderschön (> S. 138). Oder eine andere, verrückte Geschichte: Eine Frau schmökerte im Geschäft in unserem Buch herum und begann auf einmal laut zu weinen. Sie hatte ihren Vater auf einem Foto erkannt. Wir haben durch unsere Bilder tatsächlich schon einige Familien zusammengeführt.

Und vor Kurzem standen plötzlich zwei Männer im dunklen Anzug vor mir. Sie hätten einen VIP, der sich bei uns umschauen wolle. Aber ich müsse die Tür verriegeln, wenn er hier drin sei. Okay, habe ich gesagt, warum nicht? Bringt ihn her. Am nächsten Tag kam also dieser mysteriöse Kunde. Es war Evan Spiegel, der CEO von Snapchat, Privatvermögen 4 Milliarden Dollar. Er war fast eine Stunde lang hier im Laden und hat viele Bilder gekauft.

Das fotografische Vermächtnis von Elia Kahvedjian dem Älteren

Elia Photo-Service ist eine Schatzkammer der Erinnerungen

Du hast den Großteil Deines Lebens hinter dieser Theke verbracht. Was ist eigentlich Deine Mission mit diesem Geschäft, mit dem Erbe Deines Großvaters?
Es ist: Die Menschheit zu zeigen, wie sie sich entfaltet, sich entwickelt. Wenn man sich diese Fotos anschaut, dann sieht man, dass die Menschen früher besser miteinander ausgekommen sind. Heutzutage wird alles immer extremer. Es ist traurig zu sehen, dass die Menschen oft vergessen, dass die Person vor ihnen ein menschliches Wesen ist. Meine Hoffnung ist, dass die Menschen eines Tages begreifen, dass wir alle gleich sind. Und dass wir dann ein besseres, blühendes Leben führen können. Gemeinsam.

Mit diesen Worten verabschiedet mich Elia aus seinem Laden. Beim Hinausgehen werfe ich nochmal einen Blick auf das Foto neben der Theke: Die drei Generationen der Kahvedjians. In der Mitte der alte Elia, mit seinem Blick voller Entschlossenheit. Was dieser Mann alles durchmachen musste in seinem Leben! Ist es nicht eigentlich ein Wunder, dass diese Familie überhaupt existiert?

Wir können sehr viel Wertvolles aus diesem kleinen Fotogeschäft in Jerusalem mitnehmen. Wunderschöne Bilder, ja. Aber vor allem die Erkenntnis, dass uns Schicksalsschläge nicht brechen müssen. Im Gegenteil, sie können uns sogar noch viel stärker machen.

WAS?

Wunderschöne alte Fotos aus Jerusalem und dem gesamten Heiligen Land. 3500 katalogisierte Bilder. Je nach Größe und Papier (Metallpapier gibt den Bildern eine extra Tiefe) kosten sie zwischen 90 und 400 Schekel. Der Bildband »Through my Father's Eyes« (exklusiver Verkauf bei Elia Photo-Service) kostet 270 Schekel.

WO?

Elia Photo-Service
• 14 Al Khana
  Christliches Viertel in der Altstadt
  www.eliaphoto.com

WANN?

Mo–Mi und Sa 9–17, Do/Fr 9–15 Uhr, So geschlossen

TIPPS

WEITERE LOHNENDE SOUVENIRS
Gewürze und Weihrauch

Die Thymian-Gewürzmischung Zatar ist die Allzweckwaffe in der Küche des Heiligen Landes und der gesamten arabischen Welt – im Hummus, zu Fleisch, zu Gemüse und Salat. Zatar wird auch mit Lebaneh (würzig-cremige Joghurt-Sauerrahm-Mischung) und geröstetem Fladenbrot zum Frühstück gegessen. Nehmen Sie etwas Zatar mit nach Hause und packen Sie auf dem Markt auch noch ein wenig Weihrauch ein, der Ihnen im Souk an vielen Ecken um die Nase weht.

Hummus

Hummus, den köstlichen traditionellen Kichererbsenbrei, finden Sie in Israel an praktisch jeder Straßenecke. Auch die Sesampaste Tahina ist aus der Küche des Heiligen Landes nicht wegzudenken. Nehmen Sie sich ein paar Portionen im Handgepäck mit nach Hause: Am Flughafen Ben Gurion finden Sie – nach der Sicherheitskontrolle – einige Geschäfte, die Tahina und Hummus verkaufen. Egal ob mit Chillinote oder klassisch, auf jeden Fall eine leckere Verlängerung Ihres Urlaubs.

Hautcreme vom Toten Meer

Gesichtscremes, Schlammpackungen und Körperlotionen vom Toten Meer bekommt man in spezialisierten Geschäften, aber auch in Supermärkten und Outlets. Die Preisspanne ist enorm: Von der 1-Euro-Handcreme bis zur Luxus-Dead-Sea-Lotion für 150 Euro ist alles dabei. Auch die günstigeren Produkte sorgen für eine geschmeidige Haut. Salzklumpen oder -kugeln direkt aus dem Toten Meer sind ebenfalls ein besonderes Mitbringsel.

Der klassische Blick auf Felsendom und Altstadt: Jerusalem vom Ölberg aus gesehen

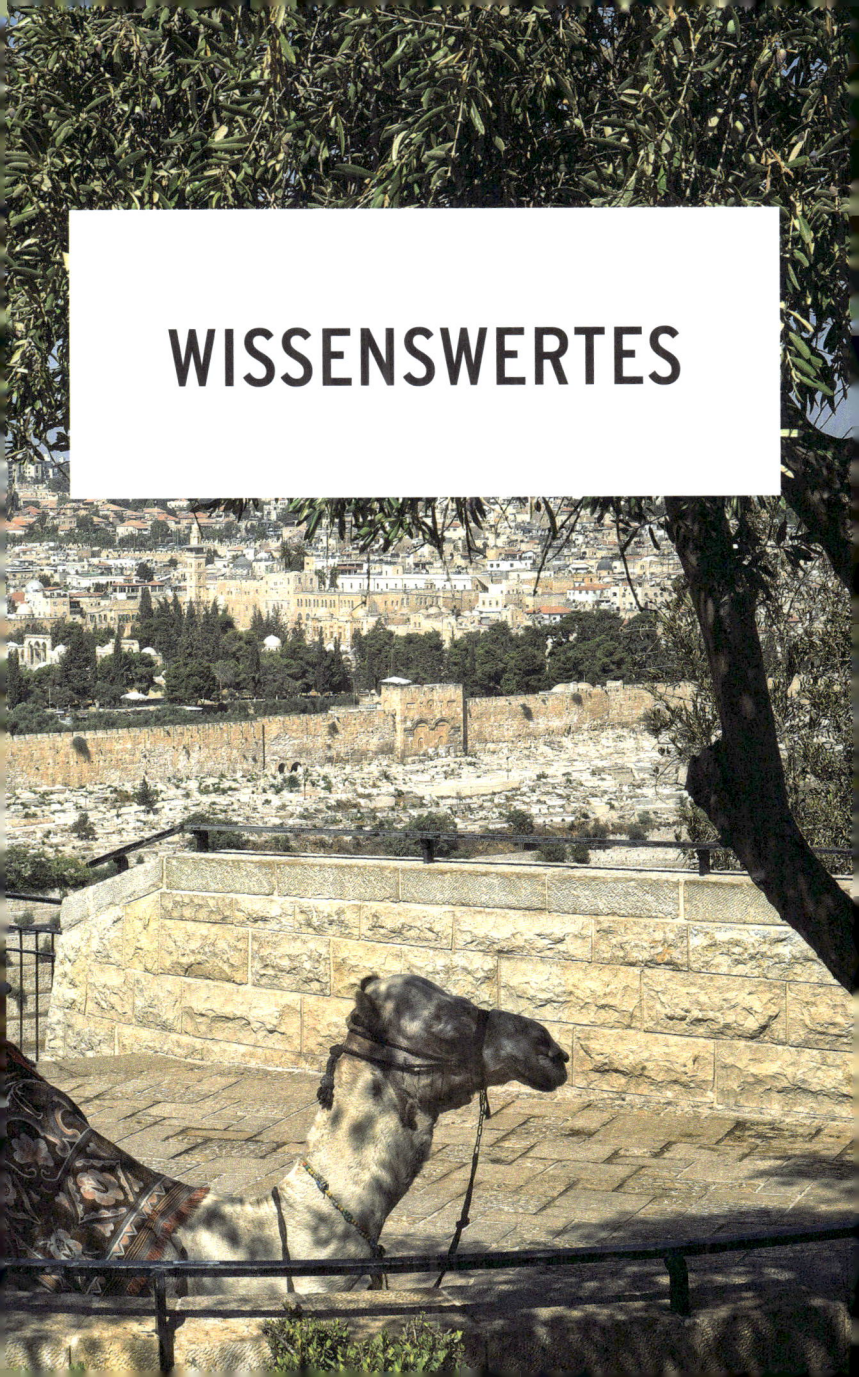

WISSENSWERTES

DAS LOHNT SICH AUSSERDEM

Sie haben nun meine Lieblingsorte in der Stadt kennengelernt. Darüber hinaus ist Jerusalem jedoch noch für viele weitere Sehenswürdigkeiten berühmt, die Sie nicht verpassen sollten.

ALTSTADT

Der erste Anblick jedes Besuchers: die prächtige Stadtmauer aus dem 16. Jahrhundert. Wer die Zinnen beim Jaffator erkl mmt, kann auf der Mauer gen Norden oder Süden spazieren. Beide Touren bieten wunderschöne Blicke auf das Gewirr der Gassen in der Altstadt.

JAD VASCHEM

Die Gedenkstätte im Westen der Stadt ist ein Muss, gerade für deutsche Besucher: Eir eindrucksvolles Museum und die Halle der Namen erinnern an die sechs Millionen Juden, die im Holocaust von den Nationalsozialisten ermordet wurden.
• So–Mi 8.30–17, Do 8.30–20, Fr 8.30–14 Uhr
  www.yadvashem.org

KLAGEMAUER

Heiligster Ort der religiösen Juden: Die Überreste der westlichen Stützmauer am Tempelberg werden Klagemauer oder hebräisch *kotel* genannt. Zettel mit Bitten und Gebeten stecken in den Fugen zwischen den Steinen. Der Platz vor der Mauer ist frei zugänglich, vor allem am Shabbat und an Feiertagen wird es hier sehr voll.
• www.thekotel.org

TEMPELBERG

König Herodes ließ das Plateau im Osten der Altstadt vor rund 2000 Jahren aufschütten und vergrößern, der von ihm erweiterte jüdische Tempel galt als Weltwunder. Später errichteten hier die Mus-

Mahnendes Gedenken: die Halle der Namen in Jad Vaschem

lime ihre ersten Sakralbauten: den Felsendom und die benachbarte Al-Aqsa-Moschee. Nichtmuslime dürfen den Tempelplatz betreten, jedoch nicht die heiligen Stätten. Der Zugang befindet sich auf dem Vorplatz der Klagemauer und ist zu folgenden Zeiten möglich:

- So–Do 7.30–11, 13.30–14.30,
  im Ramadan nur 7.30–11 Uhr
  Weitere flexible Schließungen während und
  nach Gebetszeiten sind möglich; Pass
  erforderlich.

ÖLBERG

Juden und Muslime erwarten an diesem Ort das Jüngste Gericht, die Christen gedenken der letzten Tage Jesu: Am Berg östlich des Löwentors liegen der Garten Gethsemane (geöffnet täglich von 8 Uhr bis Sonnenuntergang) und die Grotte des Judas-Verrats. Von der Kuppe bietet sich eine großartige Aussicht auf die Jerusalemer Altstadt.

KNESSET

Israels Parlamentsgebäude am westlichen Stadtrand ist ein Nationalsymbol. Touren werden in vielen Sprachen angeboten. Highlight der Führungen sind die Mosaiken und Wandteppiche von Marc Chagall. Der Künstler schenkte sie dem noch jungen Staat 1965.

- www.knesset.gov.il

ZITADELLE

Erst ließ König Herodes hier seine Festung bauen, auf den Ruinen errichtete im 16. Jahrhundert Süleyman der Prächtige seine Wehranlage. Das Minarett hielten spätere Besucher für den Davidsturm aus der Zeit des biblischen Königs – der Name hält sich bis heute.

Der Felsendom ist das vergoldete Wahrzeichen der Stadt

- So–Do 9–16, Fr 9–14 und Sa 9–16 Uhr
  www.tod.org.il

ISRAEL-MUSEUM

Das Gedächtnis des Landes – nirgendwo wird so umfassend über Israels Geschichte informiert. Weltberühmt ist der Schrein des Buches: Unter dem weißen Dach, das den Deckeln antiker Tonkrüge nachempfunden ist, liegen die ältesten Bibelhandschriften der Welt.

- So, Mo, Mi, Do 10–17, Di 16–21, Fr 10–14, Sa
  10.30–16 Uhr; Di und Sa freier Eintritt für
  Kinder unter 18 Jahren
  www.imj.org.il

INFOS VON A–Z

ÄRZTLICHE VERSORGUNG

In Israel erfolgt die ärztliche Versorgung auf hohem Niveau. Die meisten Ärzte sprechen Englisch. Rechnungen sind in bar oder per Kreditkarte zu bezahlen, daher empfiehlt sich der Abschluss einer privaten Reisekrankenversicherung, die auch einen ggf. notwendig werdenden Rücktransport einschließt. In der englischsprachigen »Jerusalem Post« werden die Notdienstpläne von Krankenhäusern und Apotheken veröffentlicht.

BARRIEREFREIES REISEN

Die Hilfsorganisation Yad Sarah unterhält im ganzen Land Niederlassungen, in denen man Rollstühle und andere Hilfsmittel leihen kann.

- **Yad Sarah,** 124 Herzl Blvd., Jerusalem, Tel. 02-644 446 87, www.yadsarah.org.il

DIPLOMATISCHE VERTRETUNGEN IN ISRAEL

- **Deutsche Botschaft**
  3 Daniel Frisch-St., Tel Aviv, Tel. 03-693 13 13, www.tel-aviv.diplo.de
- **Österreichische Botschaft,** Sason Hogi Tower, 12 Abba Hillel St., Tel Aviv, Ramat Gan, Tel. 03-612 09 24, www.bmeia.gv.at/oeb-tel-aviv
- **Schweizerische Botschaft,**
  228 Ha Yarkon St., Tel Aviv, Tel. 03-546 44 55, www.eda.admin.ch/telaviv

IN DEN PALÄSTINENSISCHEN GEBIETEN:

- **Vertretungsbüro der Bundesrepublik Deutschland**
  13 Berlin St., Ramallah, Tel. 02-297 76 30, www.ramallah.diplo.de

EINREISE

Für die Einreise benötigt man einen noch sechs Monate gültigen Reisepass. Deutsche, die vor dem 1. Januar 1928 geboren sind, benötigen ein Visum.

Fragen zum Visum und seiner Erteilung beantwortet die Botschaft des Staates Israel, Auguste-Viktoria-Str. 74, 14193 Berlin, Tel. 030-89 04 55 11, www.embassies.gov.il/berlin. Die Aufenthaltsdauer darf drei Monate nicht überschreiten. Stempel im Pass von Besuchen in arabischen Ländern sind kein Hindernis bei der Einreise, können aber zu intensiver Befragung führen. Gegebenenfalls sollte man sich einen zweiten Reisepass ausstellen lassen.

Bei der Einreise erhalten Besucher ein computererstelltes Visum, das bei der Ausreise wieder vorgelegt werden muss. Das Stempeln des Einreisevermerks in den Pass entfällt. Besucher, die planen, nach ihrer Israelreise in arabische Länder zu reisen, müssen daher nicht mehr auf das Stempeln eines separaten Blattes achten.

Nichtisraelische Besucher können jederzeit die von den palästinensischen Autonomiebehörden verwalteten A-Gebiete (Bethlehem, Jericho, Ramallah etc.) besuchen.

Das Auswärtige Amt empfiehlt, sich auch bei einem Kurzzeitaufenthalt spätestens 10 Tage vor Reiseantritt in der Krisenvorsorgeliste des Auswärtigen Amtes online zu registrieren (elefand.diplo.de). Die Daten werden nach Reiseende automatisch wieder gelöscht.

ELEKTRIZITÄT

Die Netzspannung in Israel beträgt 220 Volt. Die meisten Steckdosen sind dreizinkig, aber nicht immer ist deshalb ein Adapter erforderlich.

FEIERTAGE IN ISRAEL – TERMINE:

- **Rosch Hashana** 2020: 19.09, 2021: 07.09., 2022: 26.09.
- **Jom Kippur** 2020: 28.09., 2021: 16.09., 2022: 05.10.
- **Sukkot** 2020: 03.–09.10., 2021: 21.–27.09., 2022: 10.–17.10.
- **Chanukka** 2020: ab 11.12., 2021: ab 29.11., 2022: ab 19.12.
- **Purim** 2020: 10.03., 2021: 26.02., 2022: 17.03
- **Pessach** 2020: ab 09.04., 2021: ab 28.03., 2022: ab 16.04.
- **Shawuot** 2020: 29./30.05., 2021: 17./18.05., 2022: 05./06.06
- **Jom Haschoa/Holocaustgedenktag** 2020: 21.04., 2021: 08.04., 2022: 28.04.
- **Jom Haatzmaut/Unabhängigkeitstag** 2020: 29.04., 2021: 16.04., 2022: 06.05.

GELD UND WÄHRUNG

Die Landeswährung sind Neue Israelische Schekel (NIS), 1 Schekel = 100 Agorot, es gibt keine Einfuhr- oder Ausfuhrbeschränkungen.

Kreditkarten werden im ganzen Land akzeptiert, mit der Bankkarte kann man an vielen Automaten NIS abheben (Gebühren bei der heimatlichen Bank erfragen). Geld wechseln kann man im ganzen Land in Banken und Wechselstuben. Am Flughafen Tel Aviv ist der Kurs sehr schlecht.

Wechselkurs (Stand Juli 2019): 1 Euro = 3,93 NIS, 1 CHF = 3,56 NIS; 1 NIS = 0,25 Euro/0,28 CHF (aktueller Tageskurs unter www.oanda.com)

INFORMATIONEN

- **Staatliches Israelisches Verkehrsbüro** Auguste-Viktoria-Str. 74, 14193 Berlin, Tel. 030-203 99 70, de.citiesbreak.com Die Website informiert insbesondere über Reisen nach Tel Aviv und Jerusalem.
- **Tourist Information Center** Jaffa Gate, Jerusalem, Tel. 02-628 04 03, www.jerusalem.muni.il So–Do 8.30–17, Fr 8.30–13.30 Uhr
- **Christian Information Centre** Jaffa Gate, Jerusalem, Tel. 02-627 26 92, www.cicts.org Mo–Fr 8.30–17.30, Sa 9–12.30 Uhr
- **United Nations Office for the Coordination of Humanitarian Affairs Occupied Palestinian Territory** MAC House, 7 St. George St., Jerusalem, Tel. 02-582 99 62, www.ochaopt.org

INTERNET

Der Ben Gurion Airport, Israel Railways sowie viele Cafés und Hotels bieten WLAN-Internetzugang (letztere teils gegen Gebühr). Internetcafés gibt es in jedem größeren Ort, aber sie werden weniger, da die meisten Israelis inzwischen über eigene Zugänge verfügen.

KNIGGE

Beim Besuch religiöser Stätten ist angemessene Bekleidung notwendig. Männer müssen beim Besuch von Synagogen eine Kippa tragen. Kurze Hosen und ärmellose T-Shirts sind unangebracht. Frauen sollten immer einen leichten Schal dabei haben, weil beim Besuch religiöser Stätten Kopf, Schulter und Arme bedeckt sein müssen.

Beim Fotografieren und Filmen gilt: Nicht abgelichtet werden dürfen Militäranlagen, Grenzbefestigungen und Polizeistationen. Bei Nahaufnahmen von Menschen sollte man grundsätzlich um Erlaubnis bitten, bei orthodoxen Juden und muslimischen Frauen besser ganz vermeiden.

Am Shabbat und an hohen jüdischen Feiertagen ist das Fotografieren an der Klagemauer nicht erlaubt.

MEHRWERTSTEUER (VAT)

Die Mehrwertsteuer in Israel beträgt 17 % und wird Touristen, die Waren im Wert von mehr als 400 NIS in autorisierten israelischen Geschäften erwerben, am Ben Gurion Airport bei der Abreise erstattet. Erforderlich sind eine Quittung (refund invoice) der Bezahlung in US-$ oder Euro und ein ausgefülltes Formular des Geschäfts. Mit beiden Doku-

menten und der Ware geht man in der Abflughalle zum Zoll, danach erstattet die sich daneben befindende Bank die Summe.

NOTRUF

- **Polizei:** Tel. 100
- **Magen David Adom (Rotes Kreuz):** Tel. 101
- **Feuerwehr:** Tel. 102

ÖFFNUNGSZEITEN

Von Freitagnachmittag bis Samstagabend herrscht Sabbatruhe. Sie gilt auch für öffentliche Verkehrsmittel (Ausnahmen: Haifa, Nazareth, Ostjerusalem).

- **Geschäfte:** in der Regel So–Do 8.30–13, 15–19, Fr 9–13 Uhr
- **Postämter:** So–Do 8.30–12.30, 15.30–18, Fr 8.30–12.30 Uhr. Das Logo der israelischen Post ist ein weißer Hirsch auf rotem Grund.

SICHERHEIT

Vor einer Israelreise sollte man sich über die aktuelle Sicherheitslage informieren (www.auswaertiges-amt.de). Derzeit wird von Fahrten ins Grenzgebiet zum Gazastreifen abgeraten. Auseinandersetzungen zwischen israelischen Siedlern und Palästinensern in den besetzten Gebieten und Anschläge in den Großstädten sind Gefahren, die nicht auszuschließen sind. Andererseits gewährleisten die strengen Kontrollen durch Sicherheitskräfte an öffentlichen Plätzen ein hohes Maß an Sicherheit.

TELEFON

Öffentliche Telefone funktionieren in Israel nur mit Telefonkarten, erhältlich bei

Kippot (Plural von Kippa) und andere traditionelle Kopfbedeckungen

jedem Postamt und in fast allen Geschäften mit unterschiedlichen Guthaben (10–50 NIS). Internationale Telefongebühren sind relativ niedrig.

Israel zählt weltweit zu den Ländern mit der höchsten Handydichte. Man kann bei der Ankunft im Ben Gurion Airport ein Mobiltelefon an den Theken der israelischen Netzbetreiber leihen, wenn man die entsprechende SIM-Karte miterwirbt. Die Roaminggebühren für in Deutschland zugelassene Handys sind relativ hoch.

TRINKGELD

Trinkgeld ist in Israel immer üblich. 10 % gelten als niedrig. Wenn kein Bedienungsgeld auf der Restaurantrechnung ausgewiesen ist, gilt ein Trinkgeld von 15 % als angemessen.

VERKEHRSMITTEL

- **Busse:** Jerusalem verfügt über ein gutes innerstädtisches Busnetz, allerdings fahren die Busse nicht am Shabbat. Der zentrale Busbahnhof befindet sich am Shazar Boulevard. Busse in die palästinensischen Autonomiegebiete fahren vom arabischen Busbahnhof nördlich des Damaskustors an der Sultan Suleiman Street ab.
- **Straßenbahn:** Der Jerusalem Light Rail Train fährt vom Stadtteil Pisgat Ze'ev im Nordosten bis zum Mount Herzl im Südwesten. Verlängerungen in den Süden zum Hadassah-Krankenhaus und in den Norden nach Neve Yaakov sind geplant. Der Light Train verbindet auf einer Länge von derzeit knapp 14 km 23 Haltestellen. Für die Trasse der L1 entwarf der spanische Architekt Santiago Calatrava eine spektakuläre Brücke, die als neues Wahrzeichen Jerusalems gilt. Die 66 auf den 118 m hohen Pylon zulaufenden Stahlseile erinnern an eine Harfe.

So–Do 5.30–24, Fr 5.30–ca. 16, Sa ca. 22–24 Uhr, bis zu 90 Min. gültiges Einzelticket 5,90 NIS, Streifenkarte für 10 Fahrten 47,20 NIS, die Rav Kav Card kann auch im Light Train verwendet werden, www.citypass.co.il.

ZEIT

MEZ + 1 Std. Auch in Israel gilt Sommerzeit, allerdings wechselt diese mit dem jüdischen Kalender.

ZOLL

Nach Israel darf man zollfrei einführen: 200 Zigaretten, 2 Flaschen Wein, 1 Liter Spirituosen, Geschenke bis zum Wert von 150 US-$. Die Einfuhr von Lebensmitteln und Waffen ist untersagt.

Bei der Wiedereinreise nach Deutschland und Österreich gelten die EU-Einfuhrbestimmungen. Geschenke bis zu einem Wert von 430 € sind zollfrei, in der Schweiz liegt die Grenze bei 300 CHF, weitere Infos unter www.zoll.de, www.bmf.gv.at/zoll und www.ezv.admin.ch.

URLAUBSKASSE

• Tasse Kaffee	3,50 €
• Cola	4 €
• Glas Bier	4,70 €
• Portion Hummus	5 €
• Taxifahrt (pro km)	2 €
• Mietwagen/Tag	35 €
• Benzin/Liter	1,65 €

REGISTER

Abdallah I., König 17
Abendmahlssaal
  (Coenaculum) 57
Al-Aqsa-Moschee 17, 18, 151
Albert, Prinz 96
Alexander III., Zar 52
Altstadt 150
Ansky, Sherry 41
Arab'scher Markt 11, 12, 118
Äthiopisches Kloster
  (Deir es-Sultan) 36, 71

Bars 137
Basson, Moshe 40–46, 116
Battenberg, Alice von 50–56
Beit Safafa 44
Bethlehem 22, 101, 104,
  106–113, 114–124
»Brot und Salz« 44
Bugnyár, Markus
  Stephan 15–20

Cafés 48
Carmel-Frikeh Risotto 47
Charles, Prinz 52
Chefs for Peace 40, 43, 44
Christ Church 137
Christian Information
  Centre 57, 136, 153
Clinton, Bill 41

Damaskustor 10–12,
  22, 23
Davidstadt 61–67
Deir es-Sultan 36, 71
Deutschsprachiges in
  Jerusalem 22
Dormitio-Abtei 19, 22,
  102–112, 137, 160

Eco, Umberto 41
Elia Photo-Service 138–147
Elisabeth, Kaiserin
  (»Sissi«) 14, 15
Elisabeth von Hessen-
  Darmstadt 52–54
Elizabeth II., Königin 52, 54,
  56, 95
Erlöserkirche 22, 57, 137
Eucalyptus,
  Restaurant 38–47

Falafel 49
Felsendom 18, 20, 148, 151
Fjodorowna, Barbara 52
Franziskus, Papst 92
Franz Joseph I., Kaiser
  14–17, 21

Geburtskirche 101, 104, 110,
  114–124
Geißelungskapelle 13, 37
George V., König 95
Gethsemane 13, 56, 151
Gihon-Quelle 61, 63, 64
Golanhöhen 125
Golgatha 13, 28, 32, 37
Grabeskirche 19, 24–36
Groeben, Otto Friedrich
  von der 96

Hadrian I., Papst 92
Hahn, Berel 133, 134
Herbergen 22
Herodes, König 121, 150, 151
Hieronymus, Heiliger 118, 120
Himmelfahrtskirche 18, 57
Hiskija, König 64
Hiskija-Tunnel 58–70

Hotels 23
Hurva-Synagoge 18, 49, 87

Intifada 43, 44
Israel-Museum 151
Issa, Father 121–123

Jad Vaschem 150
Jakobus-Kathedrale 37
Jerusalem-Syndrom 35
Jesus 13, 19, 26–28, 69, 104,
  118, 121, 123
Josef aus Nazareth 104, 118
Joudeh, Familie 30

Kahvedjian, Elia d. Ä.
  140–143
Kahvedjian, Elia d. J.
  141–143
Kanaanitischer Kanal 60, 61,
  67, 69
Katharinenkirche 118–120,
  123
Klagemauer 12, 18, 71, 87,
  150, 154
Klagemauer-Tunnel 71
Knesset 151
Königin-Helena-Kirche 36,
  70, 71
Kornboim, Avigdor 131, 132
Kreuzweg 13, 14, 37, 71
Krippenmuseum
  Bethlehem 113, 124

Lutherisches Gästehaus 22

Mahane-Yehuda-Markt
  126–136
Ma, Jack 41

Maria (Mutter Jesu Christi) 22, 104, 105, 118
Maria-Magdalena-Kirche 50–56
Märkte 11, 12, 37, 117, 118, 126–136, 147
Masada 125
Migdal (Magdala) 125
Milchgrotte 101, 118, 119, 121
Modern-orthodox 77, 83, 84
Modi'in 42

Nahostkonflikt 116
Napolitano, Giorgio 41
Natanael, Bruder 104–111, 160
Nazareth 125
Netanjahu, Benjamin 41
Nusseibeh, Familie 29, 30
Nusseibeh, Wajeeh 30, 34

Ölberg 18, 52, 55, 57, 149, 151
Oliver, Jamie 45
Omar Ibn Khattab, Kalif 29
Österreichisches Hospiz 8–21, 57, 136

Palästinakrieg 106, 144
Paulus-Haus 22, 23, 57
Peres, Shimon 41

Philip, Prinz 52, 54
Pontius Pilatus 13
Purim 87

Qumran 125

Ramadan 37
Rauscher, Joseph Othmar von 16
Razzouk, Wassim 90–100
Razzouk Tattoo 88–101
Restaurants 48
Röhm, Albert 66
Roller, Timo 66
Romberg, Ulrich 67, 69

Sakramentinerinnen 119, 123
Saladin, Sultan 30
Salomos Steinbrüche/ Zedekia-Höhle 70
St. Peter in Gallicantu 13
Schindler, Oskar 57
Schwarz, Bernadette 15
See Genezareth 112, 125
Shabbat 72–87, 129, 133, 136, 150, 154
Siloah-Teich 68, 69
Siniša, Franziskaner- bruder 28, 33, 36

Souk 12, 36, 147
Souza, Francis Newton 134
Souza, Solomon 132–135
Spiegel, Evan 145
Stadtmauer 10, 22, 23, 57, 129, 150
Süleyman der Prächtige, Sultan 10, 151

Tabgha 112, 125
Tattoos 88–101
Tel Aviv 124
Tempelberg 13, 18, 20, 57, 71, 150
Totes Meer 100, 125, 147

Ultraorthodox 12, 83–85

Via Dolorosa 12–14, 71
Victoria, Königin 56, 96

Weisberg, Josh und Jenny 74–86
Westjordanland 116
Wilhelm II., Kaiser 105

Ysop-Pesto 47

Zitadelle 57, 136, 151

MINI-DOLMETSCHER HEBRÄISCH

Allgemeines

Guten Tag.	bokär **tohw**
Guten Tag (allg.).	schalom
Guten Abend.	äräw **tohw**
Hallo!	haloh
Wie geht's?	zu Mann: ma⌣schlomcha / zu Frau: ma⌣schlomehch
Danke, gut.	**tohw**, toda
Ich heiße ...	schmih ...
Auf Wieder-sehen.	l⌣hitra·**ot**
Morgen	bokär
Vormittag	lifneh hazohorajim
Nachmittag	achareh hazohorajim
Abend	äraw
Nacht	laila
morgen	machar
heute	hajohm
gestern	ätmol
Sprechen Sie Deutsch / Englisch?	zu Mann: ata mədaber gärmanit / ang**lit** zu Frau: at mədabärat gärmanit / ang**lit**
Wie bitte?	slichah / bəwaka**schah**
Ich verstehe nicht.	ani lo mewihn (m.) / məwinah (w.)
Sagen Sie es bitte noch einmal.	zu Mann: tagihd ät **säh** od paam, bawaka**schah** zu Frau: tagihdih ät **säh** od paam, bawaka**schah**
..., bitte.	bawaka**schah**
danke	toda
Keine Ursache.	al lo dawar
was / wer	ma / mi
welcher	ehsä
wo	ehfo
wohin	lə-**lahn**
wie	ehch oder kehzad
wie viel	kama
wann	matai
wie lange	kama **sman**
Wie heißt das?	ehch kor·**ihm** / omrihm lasäh
Wo ist ...?	ehfo ...
Können Sie mir helfen?	zu Mann: tuchal la·**asor** lih zu Frau: tuch**li** la·**asor** lih
ja	ken
nein	loh
Entschuldigen Sie.	ßlichah
Das macht nichts.	ehn dawar

Shopping

Wo gibt es ...?	ehfo jesch
Wie viel kostet das?	kama säh oläh
Wo ist eine Bank?	ehfo bank
Geben Sie mir bitte 100 g Käse / zwei Kilo Orangen.	zu Mann / Frau: ten / tni li me·ah gram gwinah / schneh kilo tapusihm
Haben Sie deutsche Zeitungen?	zu Mann / Frau: jesch ləcha / lahch itonihm gärmanijihm
Wo kann ich telefonieren?	ehfo äfschar lətalfen
Wo kann ich eine Telefon-karte kaufen?	ehfo äfschar kartis⌣täläfohn

Essen und Trinken

Die Speise-karte, bitte.	hatafriht, bəwaka**schah**
Brot	lächäm
Kaffee	ka**feh**
Tee	teh
mit Milch / Zucker	im chalaw / sukar
Orangensaft	miz⌣tapusihm
Mehr Kaffee, bitte.	joter ka**feh**, bəwaka**schah**
Suppe	marak
Fisch	dagihm
Meeresfrüchte	perot⌣hajam
Fleisch	baßar
Geflügel	ofot
Beilage(n)	tosäfät
vegetarische Gerichte	ma·acha**lihm** zimchonijihm
Eier	behzihm
grüner Salat (gemischter)	chaßnah
Salat	ßalat
Dessert	kinu·ach⌣sə⌣udah
Obst	perot
Eis	glidah
Wein weiß / rot / rosé	jajin lawan / adom / warod
Bier	bihra
Wasser	majim
Mineralwasser	majim mineralijihm
Limonade	gasos
Ich möchte bitte zahlen.	ani məwakesch (m.) / məwakeschät (w.) ləschalem
Es war sehr gut.	säh hajah tow·maod

Danke, شكرا جزيلا ,תודה, thank you!

Danke sagen möchte ich den Protagonisten dieses Buches für ihr Vertrauen, ihre Offenheit und Flexibilität – vor allem aber für ihre spannenden Geschichten: Markus Stephan Bugnyár, Bruder Siniša, Moshe Basson, den Schwestern des Maria-Magdalena-Klosters, Ulrich Romberg, Timo Roller, Albert Röhm, Josh und Jenny Weisberg, Wassim Razzouk, Bruder Natanael, Father Issa, Avigdor Kornboim, Solomon Souza und Elia Kahvedjian. Ein herzliches Dankeschön auch an Caro Kania, Grit Müller und Florian Landgraf von POLYGLOTT – dafür, dass sie dieses Projekt mit so viel Energie und Leidenschaft vorangetrieben haben. Außerdem danke ich meinem Lektor von der »Werkstatt München«, Martin Waller, für seine wertvolle Arbeit, Maximilian Halbe für das Coverfoto, Jens Koch für das Autorenfoto und meiner Agentin Claudia von Spreckelsen für die langjährige, vertrauensvolle Zusammenarbeit. Und schließlich – was wären wir alle ohne Familie und Freunde – vielen Dank an: Sabine, Maria, Markus, Sabine, Justus, Jakob, Axel, Pia, Klaus, Steve, Markus, Jai, Andrea, Philipp, Andreas, Stephan, Marion, Max, Ingo, Wiebke, Sandra, Nikolas, Frank, Hendrik, André, Leander, Tanja, Holger, Daniela, Thomas, Marco und Fabian für ihre Unterstützung, Freundschaft und Liebe!

BILDNACHWEIS
Coverfoto © Maximilian Halbe
Fotos Umschlagrückseite © Stefan Gödde (links und rechts), Maximilian Halbe (Mitte)

Alle Fotos © Stefan Gödde, außer: S. 2, 6/7, 24, 50, 148/149, 154 (Gerald Hänel/GARP); S. 5, 26, 41, 45, 75, 98, 102 (Maximilian Halbe); S. 15 (Markus Stephan Bugnyár); S. 48 (Moshe Basson); S. 56 (ullstein bild/TopFoto); S. 72, 78, 81, 82 (Josh Weisberg); S. 150 (Walter Schmitz)

1. Auflage 2019

© 2019 GRÄFE UND UNZER VERLAG GmbH, München
Dieses Buch wurde auf chlorfrei gebleichtem Papier gedruckt.
ISBN 978-3-8464-0753-0

Bei Interesse an maßgeschneiderten B2B-Editionen:
gabriella.hoffmann@graefe-und-unzer.de

Bei Interesse an Anzeigen:
KV Kommunalverlag GmbH & Co. KG
Tel. 089/928 09 60
info@kommunal-verlag.de

Verlagsleitung Reise: Grit Müller
Verlagsredaktion: Caro Kania
Autor: Stefan Gödde
Lektorat und Redaktion: Martin Waller
Bildredaktion: Caro Kania
Mini-Dolmetscher: Langenscheidt
Umschlaggestaltung & Layout:
Independent Medien Design, München
Horst Moser (Artdirection)
Karten und Pläne: Theiss Heidolph und Kunth Verlag GmbH & Co. KG
Satz: Anja Dengler
Herstellung: Gloria Schlayer
Druck und Bindung:
Printer Trento, Italien

PEFC
PEFC/18-31-506

GRÄFE
UND
UNZER

Ein Unternehmen der
GANSKE VERLAGSGRUPPE

SPENDENAKTION

Die Verkaufserlöse dieses Buches gehen als Spende an die Weihnachtsaktion der Benediktinermönche der Dormitio-Abtei in Jerusalem. Und Bruder Natanael hat eine Botschaft für Sie:

Ich trage Deinen Namen in der Heiligen Nacht nach Bethlehem – so heißt unsere Weihnachtsaktion. Wir Mönche vom Jerusalemer Zionsberg tragen jedes Jahr in der Nacht vom 24. auf den 25. Dezember zusammen mit Gläubigen eine Namensrolle von Jerusalem nach Bethlehem, dem Geburtsort Jesu. Diese Aktion ist grundsätzlich kostenlos, und doch freuen wir uns über Spenden. Aus unserem Spendentopf finanzieren wir karitative Projekte in Jerusalem, die Christen, aber auch Menschen anderer Religionen zugutekommen. Außerdem fließt ein großer Teil der Spenden nach Bethlehem. Dort haben wir in den vergangenen Jahren unter anderem Schulen für Kinder mit Behinderung unterstützt, außerdem Pflegeheime, Day-Care-Programme, Werkstätten und Ausbildungsplätze für junge Menschen mit Behinderung. Durch den Kauf dieses Buches haben Sie Menschen im Heiligen Land geholfen. Vielen Dank dafür.

Ihr Bruder Natanael